从零开始学
股权架构

分配＋激励＋融资＋转让

胡华成　胡俊◎编著

清华大学出版社

北京

内 容 简 介

本书从零开始，通过 10 大专题内容、110 个知识点或技巧，和大家一起分享股权的模式、设计、分配、管理、激励、实施、融资、转让等内容，帮助大家全面精通股权激励技巧，从而成为股权行家和创业赢家。

本书主要从两方面进行具体、专业的讲解。

一是理论知识线，深度解读股权架构、公司治理、股权分配、股权激励、股权融资、股权转让等多维度核心要点，从不同角度助力企业相关人员透彻地理解股权及其内在含义。

二是应用实操线，通过理论知识指导实际应用，包括如何设计和搭建股权架构、搭建公司治理体系、规避股权风险、进行股权管理、实施股权激励计划等具体操作方法。手把手教大家掌握股权的相关应用，并且利用股权吸引资金和招揽人才，推动企业快速发展，在创业之路上阔步前行。

本书结构清晰、语言简洁、图解丰富，适合对股权设计感兴趣的读者，特别是各类企业管理者、合伙人、创业者和投资人等阅读。

图书在版编目(CIP)数据

从零开始学股权架构：分配+激励+融资+转让/胡华成，胡俊编著. —北京：清华大学出版社，2023.4

ISBN 978-7-302-63179-8

Ⅰ. ①从… Ⅱ. ①胡… ②胡… Ⅲ. ①股权管理 Ⅳ. ①F271.2

中国国家版本馆 CIP 数据核字(2023)第 051417 号

责任编辑：张　瑜
装帧设计：杨玉兰
责任校对：徐彩虹
责任印制：沈　露
出版发行：清华大学出版社
　　　　网　　　址：http://www.tup.com.cn, http://www.wqbook.com
　　　　地　　　址：北京清华大学学研大厦 A 座　　　邮　　编：100084
　　　　社 总 机：010-83470000　　　　　　　邮　　购：010-62786544
　　　　投稿与读者服务：010-62776969, c-service@tup.tsinghua.edu.cn
　　　　质量反馈：010-62772015, zhiliang@tup.tsinghua.edu.cn
印 装 者：天津鑫丰华印务有限公司
经　　销：全国新华书店
开　　本：170mm×240mm　　　印　张：14.5　　　字　数：302 千字
版　　次：2023 年 4 月第 1 版　　　　印　次：2023 年 4 月第 1 次印刷
定　　价：59.80 元

产品编号：076705-01

大 咖 推 荐

彭枭 | 企服家创始人，创服家创业导师，投融资资深顾问

创业不是注入一笔资金，成立一家公司这么简单，它包含着管理、市场、财务等多方面的智慧。最重要的是对股权的合理分配和使用，以吸引资金和招揽优质人才。《从零开始学股权架构：分配+激励+融资+转让》这本书提供了股权架构设计的新思路，值得所有创业者一读！

刘伯铨 | 启航者集团联合创始人，商业导师

股权是一把双刃剑，它既能带来风险和纠纷，也能助力企业的发展，重点是企业如何去使用它。《从零开始学股权架构：分配+激励+融资+转让》是胡华成导师用心凝聚的作品，能够给予创业者在股权使用方面最大的帮助！

夏雁 | 天刚律所合伙人，股权、合同律师

大多数企业家对股权架构中可能存在的风险和隐患不以为然，直到某天矛盾聚集在一起彻底爆发才悔之莫及。《从零开始学股权架构：分配+激励+融资+转让》这本书从分析架构风险隐患入手，层层剖析，帮助创业者明白其成因，之后提出以适当的建议进行管控，值得所有人学习！

老谭 |　知名媒体人，意见领袖，商业顾问

股权是什么？股权应该如何分配？股权激励能对企业起到什么关键作用？股权转让如何获取最大利益？这些问题的答案都可以在《从零开始学股权架构：分配+激励+融资+转让》这本书中找到，这本书包含股权架构所有的核心要点，值得一读！

冯杰 |　智和岛资深财经主编，商业顾问

一个人的力量是有限的，团队的力量是无穷的。利用股权这个机制打造一个拥有创造力的团队是现在这个时代成功的必然途径。胡华成导师正是深知这一时代要求，所以写作了这本《从零开始学股权架构：分配+激励+融资+转让》，大家可以边学边思考，学以致用！

季雅芝 |　江苏竹辉(常州)律师事务所合伙人，股权律师

越来越多的企业家开始认识到合理利用股权是成功的关键，所以开始大量学习这方面的知识。但市场上现有有关书籍内容繁多杂乱，企业家们很难领会其中的要点。《从零开始学股权架构：分配+激励+融资+转让》这本书完整地梳理了股权架构的脉络，让人一看便了然于胸。想要学习股权方面的知识，这一本书就够了！

在合伙创业或者做投资时，如果对于股权的设计和分配不说清楚，则会对合伙人造成不良影响。在创业初期一起合伙创业的大多是朋友、前同事、同学、兄弟等，对于股份分配的事项开始都持无所谓的心态，认为只需要把工作落到实处就行。像这种情况后期必定会出现大问题，因为刚开始每个合伙人之间的关系都不错，大家都不好意思谈及股权分配的问题，出现问题时最终的结果是"兄弟式合伙，仇人式散伙"。

从投资人的角度出发，你愿意投资这几种股权架构类型的公司吗？第一种是一家公司两个股东各占 50%；第二种是三个股东各占 33.3%；第三种是四个创始人各占 25%；第四种是大股东占 90% 以上，其他小股东各自分配。如果你懂股权设计，答案很显然是不愿意投资，因为这样的股权架构设计属于没大没小，或是有大没小。不管是哪一种，在合伙或者投资的过程中容易遇到各自扯皮、互不相让、自说自话、各自推脱或者一言堂之类的问题。

现在的投资人跟你谈投资的时候，会关注你的模式，关注你的产品，关注你的团队，关注你的合伙关系，关注你的情怀，关注你的进展，也一定会关注你的股权架构设计是否合理。如果前面所有的关注都没有问题，就因为股权架构设计有问题，影响了投资人对你的决策，放弃了投资，这损失就太大了。

设计合理的股权架构是为了更好地合伙，让合伙发挥真正合伙的作用，彼此都能为公司贡献各自的力量，获得各自对等的价值回报，激发合伙人的自主力、驱动力、向心力、爆发力和成就力。对于公司来说，股权架构设计就是企业发展的第一推动力。

由于编者多年一直从事商业咨询、深度创服、股权投资三大业务，每天都会有创业者、企业家前来请教咨询或者融资，因此编者发现大部分初创公司在股权架构设计上都存在着不合理性，并留下很大的问题隐患。其实股权架构设计是一门学科，更是一门科学，创始人必须站在科学的角度去分析、调研、考核、斟酌、求证，以获得股权架构设计的合理性。

相信每个创业者都有融人的做法、融资的想法和上市的梦想，只要融资或者上市，投资人、资本市场就一定会要求你的股权架构明晰、合理、稳定。

因咨询产生碰撞、因碰撞产生思考、因思考产生行动、因行动产生本书，希望《从零开始学股权架构：分配+激励+融资+转让》这本书能够给企业主和创业者提供股权架构设计的新思路，并引起大家对股权架构的重视。

编 者

目录

第1章

认知：筑建企业基石

对于企业来说，股权是企业的所有者控制企业和进行利润分配的基础，也是企业吸引资金和招揽人才的手段。因此，用好股权这项工具，可以帮助企业筑建稳固的基石，实现企业的长远发展。

本章将从普及股权知识出发，帮助读者透彻地了解股权的内涵，进而搭建一个合理的股权架构，从根本上建立公司治理的体系。

1.1 认识股权：吸引人才不断加盟

不少人在日常生活或者工作中都听说过股权这个词，但真正想要描述它的时候却似懂非懂，甚至许多企业的经营者对股权也一知半解。那么，股权到底是什么？它有哪些分类形式？它在企业的经营中有什么作用？这些问题的答案就是本节将要探讨的主要内容。

1.1.1 股权的概念

股权是一种财产所有权，即股东通过合法的投资方式，如钱、技术、设备、劳动力等，兑换企业相应的股份，并享有对应股份比例的权益，同时承担对应股份比例的责任。股权比例，也会直接影响股东在企业中的话语权和控制权，也是企业利润分红的依据。图 1-1 所示为股权的特性。

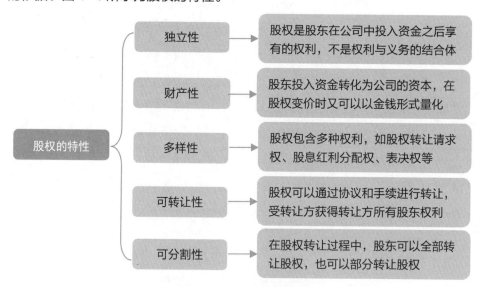

图 1-1 股权的特性

在企业中，很多人会混淆股权、股份和股票的概念。下面，笔者重点谈谈三者之间的联系和区别。

（1）**股权与股份**。股权是股东基于其股东资格而享有的，包括从公司获得经济利益和参与公司经营管理的权利。股份是公司资本的计量单位。它代表了股东在公司资本中所占的出资比例，它是股东所拥有权利的一种体现，并且这种权利也可以转让。二者最主要的区别是股权多用于有限责任公司，而股份仅存在于股份有限公司。

（2）**股权与股票**。股票是股份的表现形式，它是一种股份有限公司的股东所有权凭证，体现了股东所拥有的权利。拥有了股票，就可以行使股东权利。而股权就是拥有股票的人所具有的相应股票比例的权益和责任。

1.1.2 股权的基本功能

股权作为企业的基石，承担着许多基础且重要的功能。只有明确这些功能，拥有股权的股东和企业的经营者才能明白其在企业中所承担的责任和义务。股权主要具有以下功能，如图 1-2 所示。

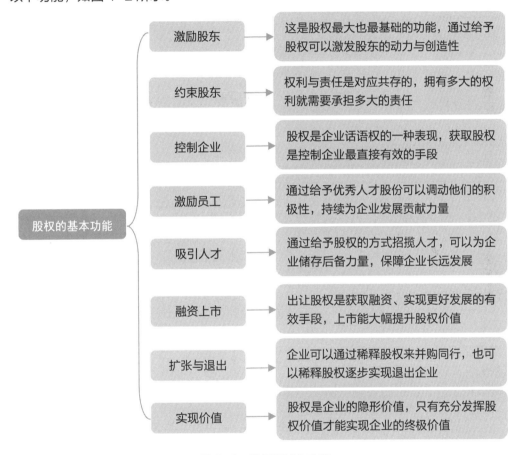

图 1-2 股权的基本功能

1.1.3 股权的主要作用

股权决定了企业的控制权归属，当企业需要通过重大事项时，通常是基于股权由股东(会)决议的。从股东权利的具体内容来看，股权的主要作用如表 1-1 所示。

表 1-1　股权的主要作用

主要作用	具体内容
收益权	股东可以按照持有的股份比例，来分配企业利润的盈余
表决权	股东有权参与企业重大事项的决策，通常情况下，股东所持的股份越多，决策权力就越大
选举权	股东可以选举产生董事会，由董事会来负责股份有限公司的日常事务管理，股东自己可以不用亲自参与公司管理
知情权	依照新《公司法》规定，股东有权查阅公司章程、股东会会议记录、财务会计报告和公司会计账簿，以及有权了解公司的重大事项
转让权	股东拥有股份转让权，可以依法将自己的股东权益转让给他人，使他人取得股权。同时，《公司法》规定股东有权通过法定方式转让其全部或者部分股权
分配权	在公司清算时，如果净资产大于债务，则股东有权分配清算后的剩余资产
优选权	转让出资的优先购买权(股份有限公司的股东不具备该权力) 发行新股的优先认购权(由股东大会决定)
诉讼权	当股东的合法利益受到损害时，有权向法院提起诉讼，保障自己的股权

1.1.4　股权的分类形式

股权的存在形式多种多样，通过不同的衡量标准可以分为不同的形式。了解和熟悉不同形式的股权，可以帮助大家判断股权在不同标准下所发挥的作用。具体来说，股权的分类形式有以下 3 种。

1.　自益权和共益权

自益权和共益权是按股权的内容和目的进行分类的。自益权是指股东行使权力是出于维护自己利益的目的，包括退股权、股份转让权、股利分配请求权、公司盈余分配请求权、股票交付请求权、股东名册变更请求权、新股认购优先权、剩余财产分配请求权等。

共益权是指股东行使权力不仅仅出于维护自己利益的目的，也兼顾了公司利益。其包括质询权、累积投票权、临时股东大会召集请求权、公司解散请求权、表决权、提案权、股东会和董事会决议无效确认请求权和撤销请求权等。

两者的共同点在于都维护了股东的利益，达到了股东的目的；不同点在于自益权只与股东财产和自身利益紧密联系，而共益权保护了公司和全体股东的利益，达到了公司的共同目的。

2. 单独股东权和少数股东权

单独股东权和少数股东权是根据股东行使权利的方式进行分类的。单独股东权是指只要是公司的股东，无论持股比例的大小、无论是否担任职务、无论担任哪种职务都可以依照法律和公司章程行使权利，如表决权、宣告决议无效请求权、公司剩余财产分配权等。

少数股东权是指股东持有公司已发行股份的数额达到一定比例时才能行使一定的权利。少数股东权可以防止某些股东随便行使自己的权利而去损害其他股东的利益，能够更好地使公司和股东的权利及利益得到保护，促进公司的经营和发展。

专家提醒

下面是根据《中华人民共和国公司法》(2018 年修正)对于少数股东权作出的相关规定。

第四章　股份有限公司的设立和组织机构

第一百零二条

召开股东大会会议，应当将会议召开的时间、地点和审议的事项于会议召开二十日前通知各股东；临时股东大会应当于会议召开十五日前通知各股东；发行无记名股票的，应当于会议召开三十日前公告会议召开的时间、地点和审议事项。

单独或者合计持有公司百分之三以上股份的股东，可以在股东大会召开十日前提出临时提案并书面提交董事会；董事会应当在收到提案后二日内通知其他股东，并将该临时提案提交股东大会审议。临时提案的内容应当属于股东大会职权范围，并有明确议题和具体决议事项。

股东大会不得对前两款通知中未列明的事项作出决议。

无记名股票持有人出席股东大会会议的，应当于会议召开五日前至股东大会闭会时将股票交存于公司。

3. 普通股东权和特别股东权

普通股东权和特别股东权是根据股权的主体进行分类的。股份有限公司的股份可分为普通股和特别股，所以相应的股权也可分为普通股东权和特别股东权。

普通股东权又被称为一般股东权，它的同种类股份每一股的金额相同，每一份股份具有同等权利，所以每一份普通股东权都具有同等效力。如经营参与权、剩余财产请求权、收益分配请求权、优先认股权等都属于普通股东权。

当股东持有的股份超过公司一定数量时，为了防止股东滥用权利，侵害公司和其他股东的利益，表决权要受到公司相关章程的限制。

特别股东权是指股份有限公司中特定股东所拥有的权利，如公司的发起人，持有特别股份(如优先股、后配股、混合股和偿还股)所享有的特定股权。虽然不同股份所含有的特别股东权的权利并不相同，但拥有以下 4 个共同点，如图 1-3 所示。

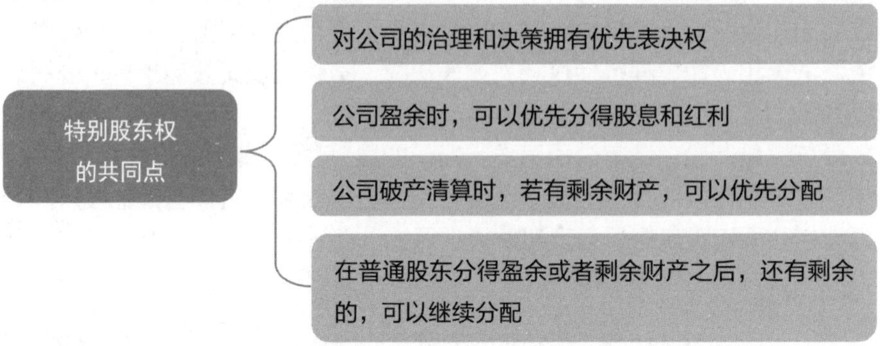

特别股东权
的共同点

对公司的治理和决策拥有优先表决权

公司盈余时，可以优先分得股息和红利

公司破产清算时，若有剩余财产，可以优先分配

在普通股东分得盈余或者剩余财产之后，还有剩余的，可以继续分配

图 1-3　特别股东权的共同点

股份有限公司中的特别股份是基于公司制定的章程所存在的，它没有与"股东平等原则"对立。在拥有特别股份的股东当中，同一股份的股权关系仍然是平等的，但是特别股东在特别事项的表决上享有优先权；在公司盈余时优先分息；以及在公司解散时，有优先分财产等权利。

1.2　股权架构：奠定公司治理基础

股权在一个企业当中具有基石的功能和作用，因此对股权进行架构设计是十分必要的。股权架构关系到公司的组织和治理结构，并最终决定着企业的业绩和发展。本节，笔者将带领大家了解股权架构，并且学会股权架构设计，从而为公司治理打下坚实的基础。

1.2.1　常见的股权架构类型

在开始设计股权架构之前，我们首先要明确为什么要做股权架构设计？具体来说，有以下几种原因。

(1) **明确权利与责任**。无论是创业还是经营企业，最终的目的都是实现利益的增加。而想要达成这个目的，就需要企业上下所有股东和持股员工各司其职。股权架构设计就是帮助股东和持股员工明确自己的权利和责任，突出其精准贡献和价值。

(2) **助力公司的发展**。在创业的前期，由于各部分人员能力和价值无法衡量，股权架构极不稳定。如果在这时候没有及时完善架构设计，那么此后会产生更大的关于股权的矛盾，影响公司的稳定发展。

(3) **影响公司的控制**。设计股权架构有一个很关键的作用，就是确定公司的话语权归属。一般来说，话语权应归属持股比例最多的人。当确定核心之后，其他股东则应围绕核心进行工作，这样可以避免产生很多的争议和矛盾。

(4) 提高融资可能性。公司想要得到融资，首先需要获得投资人的认可。而投资人关注的不仅是公司的产品、优势、技能等，而且还包括股权架构是否稳定合理。只有公司拥有一个稳定且合理的股权架构，投资人才能放心地进行投资。

(5) 走进资本的市场。上市，走进资本市场是一个公司真正变得强大的标志。想要上市就必须拥有一个清晰明确的股权架构。

因此，设计股权架构关系到企业的生存发展所需要的各种资源，如技术、人才、团队、合作伙伴等。股权架构设计就是找到企业生存发展所需的资源，并且将这些资源整合，拼接成一个完整的生态体系，形成企业、股东、员工、合作伙伴四方共赢的局面。

明确了设计股权架构的原因之后，我们就可以明确当下企业中最常见的股权架构类型。具体来说，常见的股权架构类型有一元股权架构、二元股权架构和 4×4 股权架构 3 种，下面笔者来进行具体解读。

1. 一元股权架构

相对而言，一元股权架构比较简单，它是基于传统的投资模式而形成的股权架构。在传统投资模式下，一般都是由股东出钱，并按照出资比例持股。因此，在一元股权架构下，具有一体化的股权比例、表决权、分红权等。

简单地说，股权比例、表决权、分红权等各项权利并没有特别规定，与出资比例都是一一对应的关系，股东之间权利的差别仅仅只依据股东所占股权比例而定。

一元股权架构虽然结构简单，但也意味着公司的管理很有可能陷入僵化的困境。以表决权为例，我们来看一看在企业的经营过程中可能会出现的出资比例，如图 1-4 所示。

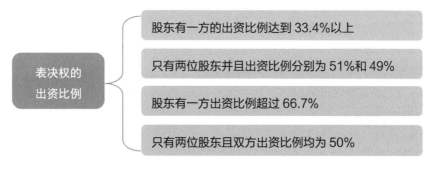

图 1-4　表决权的出资比例

在第一种出资比例中，可以看出表决权控制在出资为比例三分之一左右的股东手中；在第二种出资比例中，绝对控股地位则掌握在出资比例为 51% 的一方；在第三种出资比例中，由于股东出资比例超过了三分之二，所以可以避免僵局的出现，因为股东可以单方面形成重要事项的决议，除非在公司章程中规定了股东同意的人数。

最后一种是比较糟糕的方式，因为两位股东各占 50%的表决权，就意味着必须双方一致通过才能形成有效的公司决议，这也是最容易产生矛盾的一种方式。

2. 二元股权架构

二元股权架构是指在设计股权架构时，对股东的权利进行分割，重新安排表决权、分红权等权利的股权比例。

对于有限责任公司来说，可以在公司章程中约定同股不同权。当然，在股份公司中，同类型的股票权利是一致的，对不同类型的股东才能进行二元股权架构设计。因此，可以通过设立 A、B 两种类型的股份来设计股权架构。利用二元股权架构将分红权和决策权分离开来，将决策权集中在创始人手中，而其他合伙人只享有分红权，这样可以避免企业出现争权夺利的现象。

这种股权架构在国外非常普遍，例如，Facebook 在首次公开募股(initial public offering，IPO)时的招股书中，已明确将股权分为 A、B 股，扎克伯格可以通过大量持有具有高表决权的 B 类股来维系对公司的掌控。

3. 4×4 股权架构

4×4 股权架构类似于汽车由四轮驱动，以保证汽车的平稳运行。在企业中，四轮分别对应创始人、合伙人、员工、投资人 4 类，通过对他们的权利进行统筹安排来保证企业的经营和发展。从而可以实现凝聚企业向心力、维护创始人控制权、吸引资金和招揽人才的长远目标。

相比于一元股权架构和二元股权架构，4×4 股权架构能够将各类股东的利益关系，及其对企业发展的贡献等多方面的因素考虑进去。因此，在这种架构下划分股权能够促进公司整体的快速发展，而不是个别股东利益最大化，同时也为公司治理打下基础。

4×4 股权架构设计的思路主要有以下几个步骤。

首先，将公司的投资人和创始人的股权份额分出去，并且预留一部分股权池以吸引资金和招揽人才。

其次，将剩余股权分给合伙人和员工，根据他们个人对公司的贡献和价值，细分每个人应得的股份。

最后，查漏补缺，整理股权架构看是否有遗漏和不合理的地方。如果有的话，一定要及时进行调整。

1.2.2　股权架构的设计原则

企业在做股权架构设计的时候，一定要遵循基本的设计原则，以免后续产生一系列矛盾，造成不可挽回的损失。企业创始人应具有长远眼光、宽广的胸怀、决断能力和识人用人能力，设计合理的股权结构，以避免团队出现同苦不能同乐、管理层一言堂、关键时候的决策陷入僵局的问题，打好公司治理的基础。图 1-5 所示为股权架构的设计原则。

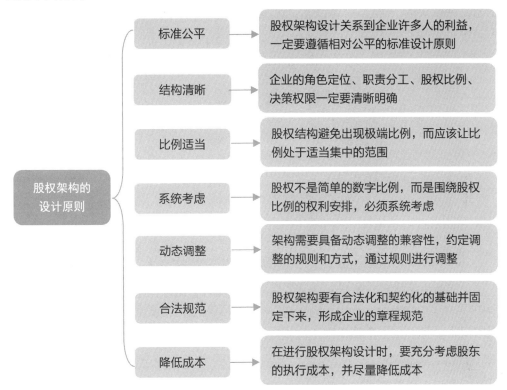

图1-5 股权架构的设计原则

股权架构的设计原则：
- 标准公平：股权架构设计关系到企业许多人的利益，一定要遵循相对公平的标准设计原则
- 结构清晰：企业的角色定位、职责分工、股权比例、决策权限一定要清晰明确
- 比例适当：股权结构避免出现极端比例，而应该让比例处于适当集中的范围
- 系统考虑：股权不是简单的数字比例，而是围绕股权比例的权利安排，必须系统考虑
- 动态调整：架构需要具备动态调整的兼容性，约定调整的规则和方式，通过规则进行调整
- 合法规范：股权架构要有合法化和契约化的基础并固定下来，形成企业的章程规范
- 降低成本：在进行股权架构设计时，要充分考虑股东的执行成本，并尽量降低成本

1.2.3 股权架构存在的问题

许多创业团队在最初创业的时候充满信心，一心只想尽快发展企业。在这个提速的过程中，创始人往往会忽视许多致命的问题，从而为日后的纷争埋下隐患。而股权架构存在的问题无疑是其中最关键和最致命的问题。

我们来看两个股权架构引发的股权纠纷问题的案例。第一个案例是对簿公堂的"真功夫"快餐企业。公司在成立之初，作为创始人的潘某某和蔡某某夫妇各占50%的股份。在发展阶段，潘某某解决了中式快餐标准化的难题，使企业得到高速发展和快速扩张。但是，到了后期，负责门店扩张的蔡某某在企业中发挥的作用更大。因为股权相同，所以两人产生了很多矛盾，双方僵持不下。

最后，蔡某某利用各种手段将潘某某赶出了"真功夫"的核心层。潘某某心有不甘，起诉蔡某某非法侵占公司财产，将蔡某某送进了大牢。而"真功夫"也因此减缓了发展的步伐，逐渐被新兴的餐饮企业所取代。

第二个案例是罗辑思维。罗辑思维是一个知识服务商和运营商，主讲人是罗振宇。在大家眼中，他应该是一个大股东，但实际上并非如此。图 1-6 所示为罗辑思维的初始股权架构。这种悬殊较大的股权架构，导致利益分配出现问题，罗辑思维的两大合伙人最终不得不分道扬镳。

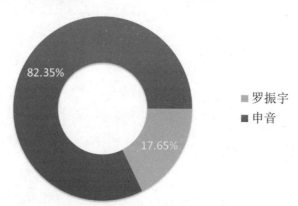

图 1-6　罗辑思维的初始股权架构

从上面两个案例可以看出，企业的股权架构是否合理决定着企业能否走得更远，走得更稳。目前，企业的股权架构最常见的问题是股权高度集中、股权高度分散和股权架构均等 3 种，接下来笔者一一进行分析。

1. 股权高度集中

股权高度集中是指企业中有一方股东所持股份比例在 50%以上，拥有企业的绝对控制权。这种股权结构类似于一言堂或者家长式管理模式，整个公司的发展战略和经营管理由大股东一人决定，公司的组织机构和监督机构形同虚设。

这种缺乏制衡机制的架构很容易将企业行为和大股东个人行为混为一谈，导致决策失误、资金的使用不透明，让企业的经营面临极大的风险。另外，高度集中的股权架构也弱化了一些特有的功能，如资本积聚、风险规避等功能，导致上市公司股份流动性降低。

2. 股权高度分散

股权高度分散，即每个股东拥有的企业股份都在 10%以下，公司没有大股东。这种股权结构因为有着大量小股东的存在，容易引发公司管理层的道德危机，使公司各项决策变得异常复杂，公司管理层大量的精力和时间都消耗在股东之间的博弈中。

3. 股权架构均等

股权架构均等是指公司大股东之间的股权比例相同或非常接近，没有其他小股东或者其他小股东的股权比例极低。在实际操作中，每个股东对公司的贡献是不同的，如果股权一样，会导致公司控制权与利益索取权的失衡，容易为未来的利益分配埋下隐患。另外，这种股权架构很可能在股东之间形成僵局，当出现意见分歧时，因大股东持股比例相同，无法实现统筹决策。

因此，企业真正需要的是一种相互制约的股权架构。公司拥有较大的相对控股股东，同时还拥有其他大股东，所持股份比例为 10%~50%。这种股权架构没有哪个股东具有绝对控制权，同时也不存在大量的小股权干扰股东会决策，是一种比较合理的股权架构。

假如，一家企业的股权结构中，创始人持股 28%，拥有较大的控制权，外部投资持股 11%为第二大股东，公司董事及高管持股 5%，外部自然人股东持股 20%。没有绝对控股的股东，但可以通过委托、合计持有获得相对控股权，形成一种互相制约的机制。

创始团队在做股权架构设计时，要注意不要形成一股独大或高度分散的股权状态，也要摒弃按照人数平均分配的思想。不妨考虑将各创始人的贡献及价值量化，使股权分配更加合理。

1.3 公司治理：建立权力安排体系

西少爷创始人之一宋某某于 2015 年 1 月 30 日，将曾经参与创立的公司告上了法庭，其原因是宋某某无法履行自身的股东知情权。曾经被人看好，前途无量的创业公司至此陷入了股权纠纷，而公司的团队和员工也分崩离析。

通过对西少爷的案例进行分析，公司治理的问题浮出了水面。创业就像盖一座大楼，地基的深度和牢固程度决定了大楼能盖多高和使用年限。浅而不稳的地基迟早会出现大厦倒塌的现象，而公司治理就是"创业"这座大楼的地基。

1.3.1 公司治理的基本概念

公司治理是一种对公司进行管理和控制的体系，它不仅规定了公司的相关参与人员的责任和权利分布，而且明确了公司发展的决策和战略规划所应遵循的规则和程序。其实质是通过对公司的权利进行分配，降低代理成本，使所有者不干预公司的日常经营，同时保证公司员工和领导能以股东的利益和公司的利润最大化为目标。

公司治理包含以下几个方面的含义，如图 1-7 所示。

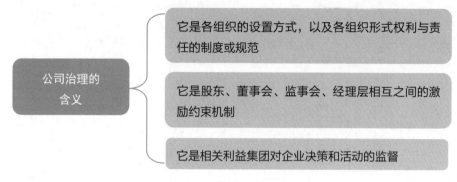

图1-7　公司治理的含义

在日常工作中，很多人会把公司治理与企业管理混为一谈，其实二者之间既有区别又有联系。两者的联系在于公司治理可为企业管理营造良好的环境，使企业管理者能够全力以赴开展经营活动。企业管理在一定程度上反映了公司治理的效果。公司治理与企业管理的区别主要体现在以下几个方面，如图1-8所示。

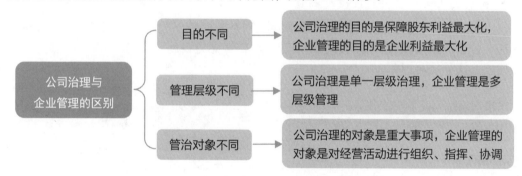

图1-8　公司治理与企业管理的区别

1.3.2　公司治理的风险管控

公司治理存在很多风险，如果不能及时进行管控，那么就会损害股东和集体的利益。公司治理风险主要是指由于公司治理制度不健全、公司治理运行机制不科学等原因，给企业的经营带来负面影响，从而波及企业的健康发展，造成巨大损失。公司治理的风险主要包括以下几个方面，接下来笔者将进行具体解读。

（1）**股东之间的风险**。股东之间产生风险的基本原因是公司股权的集中与分散程度。企业股权高度集中，就可能会出现大股东通过操作手段随意侵犯小股东合法权益的风险，比如大股东占用资金、操纵盈余等。而股权高度分散时，常常需要通过选举股东代表来行使股东权利，这时候股东代表很容易发生道德风险。

（2）**公司机构的治理风险**。董事会和监事会都是由股东大会选举产生的，所做的决议必须符合股东大会的决议，而股东大会、董事会、监事会应该共同维护股东的利益。

如果企业出现一股独大的现象，股东大会往往会由大股东控制，如果治理机制不完善，很容易引发道德风险。在很多中小企业中，担任经理职位的往往是董事会的成员，如果缺乏监督机制，公司治理的风险会大大增加。公司机构中，监事会是重要的监督机构，但实际状况是很多企业的监事是由领导直接任命的，很难起到监督作用。

(3) **外部因素带来的风险。** 管理层的变动、法律法规体系不健全、会计信息的质量等都有可能会引发公司治理的风险。

我们经常从电视、网络等媒体上看到各种贪污受贿、挪用资金的新闻，为什么类似事件屡禁不止？正是因为公司治理机制不完善，没有形成健康、健全、科学、合理的现代股权企业管理制度。大股东独断专行，小股东唯大股东马首是瞻，任由高层挪用资金，导致公司资金链断裂，造成难以预计的损失和后果。

公司的治理必须对这些风险做到未雨绸缪，提前管控可能会出现的风险，不能等到积弊已深才大刀阔斧地去进行改革。公司治理的风险管控措施包括以下几个方面，如图 1-9 所示。

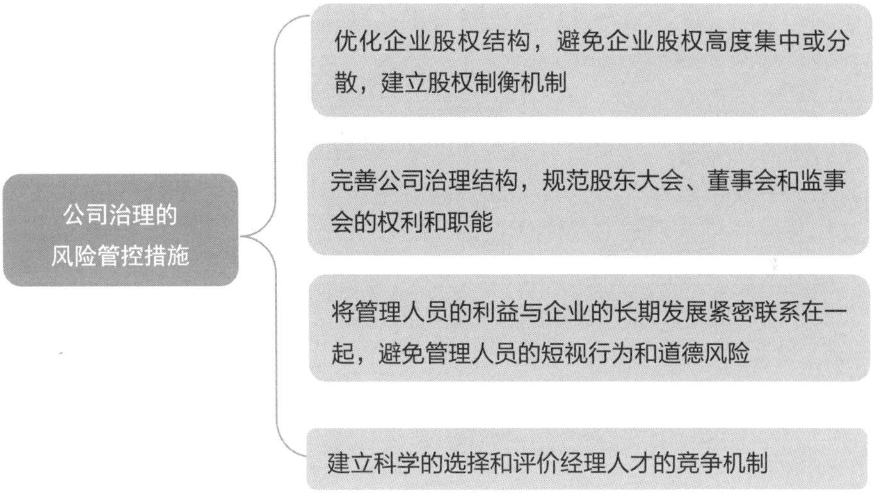

图 1-9　公司治理的风险管控措施

1.3.3　公司治理的议事准则

公司治理的最终目标是实现企业利益最大化，其核心是使股东大会、董事会、监事会和经理层各司其职，各尽其责，如图 1-10 所示。因此，建立相应的治理和监督机制是十分必要的。通过机制去合理分配各自的权利和责任，能够提升工作效率，降低人工负担，保证企业的运转流畅。接下来，我们将从公司的治理机构入手，解析公司治理的议事准则。

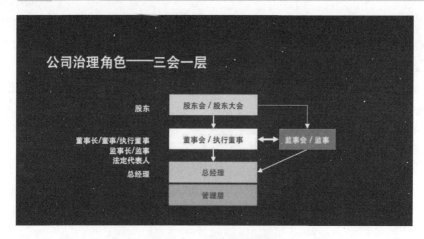

图 1-10　公司治理角色

1. 股东大会及其议事规则

股东大会由全体股东组成，是股东作为企业所有者对企业行使管理权的组织，是企业的最高权力机关和最高决策机关，体现着全体股东的意志。企业重大的人事决策和发展战略一般都要得到股东大会批准才能生效。股东大会可以选举或任免董事会和监事会成员，决定经营方针，对股东的利益进行分配。

但是，股东大会并不介入企业的生产、经营和管理。健全的股东大会议事规则，有利于股东大会规范运作、减少或消除纰漏。我们可以通过股东大会的类型、职责、召开形式和决议 4 个方面对其加深认识。

1) 股东大会的类型

股东大会包括法定大会、定期会议和临时股东大会 3 种类型，具体分析如图 1-11 所示。

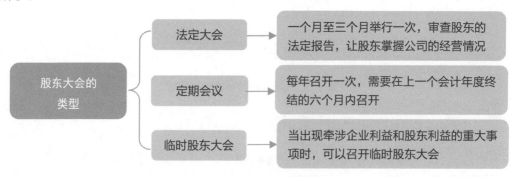

图 1-11　股东大会的类型

专家提醒

根据《中华人民共和国公司法》(2018 年修正)规定，有特殊情形的，应当在两个月内召开股东大会。

第四章 股份有限公司的设立和组织机构

第一百条 股东大会应当每年召开一次年会。有下列情形之一的，应当在两个月内召开临时股东大会：

(一)董事人数不足本法规定人数或者公司章程所定人数的三分之二时；

(二)公司未弥补的亏损达实收股本总额三分之一时；

(三)单独或者合计持有公司百分之十以上股份的股东请求时；

(四)董事会认为必要时；

(五)监事会提议召开时；

(六)公司章程规定的其他情形。

2) 股东大会的职责

根据《中华人民共和国公司法》(2018 年修正)规定，股东大会主要有以下职责。

第二章 有限责任公司的设立和组织机构

第三十七条 股东会行使下列职权：

(一)决定公司的经营方针和投资计划；

(二)选举和更换非由职工代表担任的董事、监事，决定有关董事、监事的报酬事项；

(三)审议批准董事会的报告；

(四)审议批准监事会或者监事的报告；

(五)审议批准公司的年度财务预算方案、决算方案；

(六)审议批准公司的利润分配方案和弥补亏损方案；

(七)对公司增加或者减少注册资本作出决议；

(八)对发行公司债券作出决议；

(九)对公司合并、分立、解散、清算或者变更公司形式作出决议；

(十)修改公司章程；

(十一)公司章程规定的其他职权。

对前款所列事项股东以书面形式一致表示同意的，可以不召开股东会会议，直接作出决定，并由全体股东在决定文件上签名、盖章。

3) 股东大会的召开

股东大会以集中开会为主要形式。表 1-2 所示为有限责任公司与股份有限公司的股东大会召开的主要形式。

表1-2 股东大会的召开形式

有限责任公司	股份有限公司
首次股东会会议由出资最多的股东召集和主持，代表十分之一以上表决权的股东，三分之一以上的董事，监事会或者不设监事会的公司的监事，可以提议召开临时会议	单独或者合计持有公司百分之三以上股份的股东，可以提议召开临时会议
设立董事会的，股东会会议由董事会召集，董事长主持；董事长不能履行职务或者不履行职务的，由副董事长主持；副董事长不能履行职务或者不履行职务的，由半数以上董事共同推举一名董事主持。董事会或者执行董事不能履行或者不履行召集股东会会议职责的，由监事会或者不设监事会的公司的监事召集和主持；监事会或者监事不召集和主持的，代表十分之一以上表决权的股东可以自行召集和主持	股东大会会议由董事会召集，董事长主持；董事长不能履行职务或者不履行职务的，由副董事长主持；副董事长不能履行职务或者不履行职务的，由半数以上董事共同推举一名董事主持。董事会不能履行或者不履行召集股东大会会议职责的，监事会应当及时召集和主持；监事会不召集和主持的，连续九十日以上单独或者合计持有公司百分之十以上股份的股东可以自行召集和主持
召开股东会会议，应当于会议召开十五日前通知全体股东	召开股东大会会议，应当将会议召开的时间、地点和审议的事项于会议召开二十日前通知各股东；临时股东大会应当于会议召开十五日前通知各股东；发行无记名股票的，应当于会议召开三十日前公告会议召开的时间、地点和审议事项
股东会会议由股东按照出资比例行使表决权，但是公司章程另有规定的除外	股东出席股东大会会议，所持每一股份有一票表决权。但是公司持有的本公司股份没有表决权

4) 股东大会的决议

股东大会决议分为普通决议和特别决议。股东大会作出的普通决议，需由出席股东大会的股东(包括股东代理人)所持表决权的 1/2 以上通过。股东大会作出的特别决议，需由出席股东大会的股东(包括股东代理人)所持表决权的 2/3 以上通过。股东会会议作出修改公司章程、增加或者减少注册资本的决议，以及公司合并、分立、解散或者变更公司形式的决议，必须经代表 2/3 以上表决权的股东通过。

2. 董事会、监事会及其议事规则

董事会是依照法律、章程设立的，代表股东大会行使公司管理权限的权力机构，是由股东大会选举产生的常设机构。根据《中华人民共和国公司法》(2018 年修正)规定，董事会主要有以下职责。

第二章 有限责任公司的设立和组织机构

第四十六条 董事会对股东会负责，行使下列职权：

(一)召集股东会会议，并向股东会报告工作；

(二)执行股东会的决议；

(三)决定公司的经营计划和投资方案；

(四)制订公司的年度财务预算方案、决算方案；

(五)制订公司的利润分配方案和弥补亏损方案；

(六)制订公司增加或者减少注册资本以及发行公司债券的方案；

(七)制订公司合并、分立、解散或者变更公司形式的方案；

(八)决定公司内部管理机构的设置；

(九)决定聘任或者解聘公司经理及其报酬事项，并根据经理的提名决定聘任或者解聘公司副经理、财务负责人及其报酬事项；

(十)制定公司的基本管理制度；

(十一)公司章程规定的其他职权。

董事会议事规则应在公司章程中体现，具有规范性和固定性，确保董事会高效决策和运转。董事会议事规则内容一般包括总则、董事的任职资格、董事的行为规范、董事长的权利和义务等，董事会议事规则如表 1-3 所示。

表 1-3 董事会议事规则

有限责任公司	股份有限公司
董事会会议由董事长召集和主持；董事长不能履行职务或者不履行职务的，由副董事长召集和主持；副董事长不能履行职务或者不履行职务的，由半数以上董事共同推举一名董事召集和主持	股份有限公司设董事会，其成员为五人至十九人。董事会成员中可以有公司职工代表。董事会中的职工代表由公司职工通过职工代表大会、职工大会或者其他形式民主选举产生
董事会的议事方式和表决程序，由公司章程规定	董事会设董事长一人，可以设副董事长。董事长和副董事长由董事会以全体董事的过半数选举产生。董事长召集和主持董事会会议，检查董事会决议的实施情况。副董事长协助董事长工作，董事长不能履行职务或者不履行职务的，由副董事长履行职务；副董事长不能履行职务或者不履行职务的，由半数以上董事共同推举一名董事履行职务

续表

有限责任公司	股份有限公司
董事会应当对所议事项的决定做成会议记录，出席会议的董事应当在会议记录上签名	董事会每年度至少召开两次会议，每次会议应当于会议召开十日前通知全体董事和监事。代表十分之一以上表决权的股东，三分之一以上董事或监事会，可以提议召开董事会临时会议。董事长应当自接到提议后十日内，召集和主持董事会会议
董事会决议的表决，实行一人一票	董事会决议的表决，实行一人一票
股东人数较少或者规模较小的有限责任公司，可以设一名执行董事，不设董事会。执行董事可以兼任公司经理	董事会会议应有过半数的董事出席方可举行。董事会做出决议，必须经全体董事的过半数通过

监事会也是由股东大会选举产生的，是企业为了防止董事会、经理层滥用职权，损害集体利益而设立的监督机构。股份有限公司设监事会，其成员不得少于 3 人；股东人数较少或者规模较小的有限责任公司，可以设 1 至 2 名监事，不设监事会。

根据《中华人民共和国公司法》(2018 年修正)规定，监事会主要有以下职责。

第二章 有限责任公司的设立和组织机构

第五十三条 监事会、不设监事会的公司的监事行使下列职权：

(一)检查公司财务；

(二)对董事、高级管理人员执行公司职务的行为进行监督，对违反法律、行政法规、公司章程或者股东会决议的董事、高级管理人员提出罢免的建议；

(三)当董事、高级管理人员的行为损害公司的利益时，要求董事、高级管理人员予以纠正；

(四)提议召开临时股东会会议，在董事会不履行本法规定的召集和主持股东会会议职责时召集和主持股东会会议；

(五)向股东会会议提出提案；

(六)依照本法第一百五十一条的规定，对董事、高级管理人员提起诉讼；

(七)公司章程规定的其他职权。

监事会议事规则如表 1-4 所示。

表1-4 监事会议事规则

有限责任公司	股份有限公司
监事会会议由监事会主席召集和主持；监事会主席不能履行职务或者不履行职务的，由半数以上监事共同推举一名监事召集和主持监事会会议	监事会会议由监事会主席召集和主持；监事会主席不能履行或者不履行职务的，由监事会副主席召集和主持监事会会议；监事会副主席不能履行职务或者不履行职务的，由半数以上监事共同推举一名监事召集和主持监事会会议
监事会每年度至少召开一次会议，监事可以提议召开临时监事会会议	监事会每六个月至少召开一次会议，监事可以提议召开临时监事会会议
监事会决议应当经半数以上监事通过	监事会决议应当经半数以上监事通过

选举董事会和监事会成员时，需要注意人员资格问题。《中华人民共和国公司法》(2018年修正)明确规定了不得担任董事会和监事会成员的要求。

第六章 公司董事、监事、高级管理人员的资格和义务

第一百四十六条 有下列情形之一的，不得担任公司的董事、监事、高级管理人员：

(一)无民事行为能力或者限制民事行为能力；

(二)因贪污、贿赂、侵占财产、挪用财产或者破坏社会主义市场经济秩序，被判处刑罚，执行期满未逾五年，或者因犯罪被剥夺政治权利，执行期满未逾五年；

(三)担任破产清算的公司、企业的董事或者厂长、经理，对该公司、企业的破产负有个人责任的，自该公司、企业破产清算完结之日起未逾三年；

(四)担任因违法被吊销营业执照、责令关闭的公司、企业的法定代表人，并负有个人责任的，自该公司、企业被吊销营业执照之日起未逾三年；

(五)个人所负数额较大的债务到期未清偿。

公司违反前款规定选举、委派董事、监事或者聘任高级管理人员的，该选举、委派或者聘任无效。

董事、监事、高级管理人员在任职期间出现本条第一款所列情形的，公司应当解除其职务。

公司的决议要保证公平、公正、公开，严格按照相关流程进行，以维护公司机制运转的高效性。

1.3.4 不同阶段的股权释放

股权释放是指企业的所有者可以通过股权分配、股权激励等方式，将一部分股权释放以吸引资金和招揽人才。但是，不同的发展阶段可以释放的股权比例也不同。如果没有提前计算，造成过多股权流失，很有可能会丢失企业的控制权，因此我们接下来分别介绍 4 个发展阶段的股权释放比例。

1) 初创期

初创企业存在着没有足够的资金和资源、人才匮乏、开拓市场较为吃力等问题，很多事情需要出资者亲自上阵。这时为了吸引和留住人才，可以考虑采用以下两种释放股权的方式来吸引资金和招揽人才。

第一种是岗位分红。类似"年终奖"，企业建立绩效考核制度、人事制度，年终的时候企业拿出一部分利润激励技术人才和管理人才。

第二种是注册股激励。但需要注意的是，创始人持股的额度应尽量大于或等于2/3(67%的股份)，也就是说释放的额度不能超过 1/3。

创业初期，企业治理结构还不完善，管理者经验相对欠缺，创始人只有掌握企业67%以上的股份，才能保证对企业有绝对控制权。在兼并、重组、解散、修改公司章程等重大事项上具有话语权，并能够左右企业命脉。

2) 发展期

处于发展期的企业，管理制度逐步建立和健全，企业文化逐渐形成，股权结构相对完善，企业经营规模不断扩大，开始进入良性循环状态。此时，企业创始人应扮演"领导者"和"管理者"的角色，应着眼于选拔、培养、招聘中层管理人才，并建立和健全企业文化。

在这个时期，创始人持有的股份最好大于 1/2，获得相对控股地位，这样无论是后面对外围股东的制约，还是上市后的股权稀释都可以应对自如。

3) 扩展期

处于扩展期的企业发展较为迅速，营收和规模都会急速扩大。这一时期，企业创始人可以进一步释放股权，一方面吸引更多的优秀人才加入；另一方面，可以吸引新的资本注入。

由企业股东注入新资本是最好的方式，当然也可以考虑引入外部资本。这时候，创始人需将股权控制在 1/3 以上。因为拥有的股权超过 1/3 代表着对企业的重大事项具有否决权。

4) 成熟期

步入成熟期的企业，发展稳定，各项规章制度和激励机制都能充分发挥作用；中高层管理人员流动性较小，已经实行职业经理人考核机制，所有权和经营权分离；企业财务状况改观，现金流增加，有的企业开始准备冲击 IPO。

此时，即使创始人仅仅持有 5%的股份，控制权也不会旁落。因为在公司的章程中，会制定一些保护创始人或者大股东核心利益的条款。例如，在公司的章程中规定实行双层股权架构，创始人持有的股份具有 10 倍的表决权，或者规定在董事会成员中由企业创始人提名的董事占半数以上，以此保障创始人对企业的影响力和控制力。

第 2 章

合伙：打造潜力团队

　　合伙人制度是许多初创企业的创业者都接触过的一种企业组织形式。但是，关于是否实行合伙人制度却是大多数创业者难以抉择的。究其根源，还是对合伙人制度的认识不够清晰深刻。

　　本章将全面地介绍和分析合伙人制度的优劣，帮助创业者利用制度优势促进企业的快速发展。

2.1　制度变革：打破传统管理思维

很多人在创业的过程中，都会遇到以下问题，如图 2-1 所示。你的公司是否也存在这些问题，如果有，说明你的管理制度需要进一步改进。

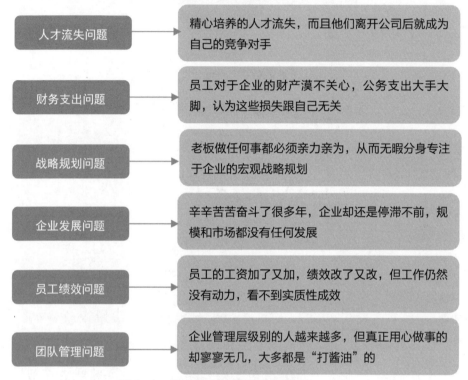

人才流失问题	精心培养的人才流失，而且他们离开公司后就成为自己的竞争对手
财务支出问题	员工对于企业的财产漠不关心，公务支出大手大脚，认为这些损失跟自己无关
战略规划问题	老板做任何事都必须亲力亲为，从而无暇分身专注于企业的宏观战略规划
企业发展问题	辛辛苦苦奋斗了很多年，企业却还是停滞不前，规模和市场都没有任何发展
员工绩效问题	员工的工资加了又加，绩效改了又改，但工作仍然没有动力，看不到实质性成效
团队管理问题	企业管理层级别的人越来越多，但真正用心做事的却寥寥无几，大多都是"打酱油"的

图 2-1　创业过程中常常遇到的问题

随着合伙人创业时代的到来，传统的雇佣关系和管理思维正在发生根本变化，很多企业开始实行合伙人制度，跟自己的员工一起共同创业，通过股权分配来不断吸引优秀的合伙人加入，与他们共享创业成果。合伙人制度的主要概念是指由企业两个或两个以上的股东合伙经营，他们都拥有公司股份并分享公司利润的组织形式。

2.1.1　合伙人制度的价值与优势

合伙人制度的基本理念就是"让每个人都成为企业的经营者，并分享企业的经营性收益"。通过合伙人制度经营模式，老板可以把企业里的核心人才发展成为股东，让他们拥有更多的责任和红利，从而最大限度地发挥人才的作用，打造出一种全新的财富机制，合伙人制度经营模式的优势如图 2-2 所示。

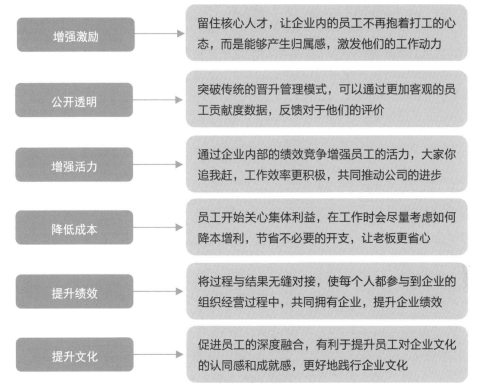

图 2-2 合伙人制度经营模式的优势

人才是企业经营的根本，合伙人制度通过将员工发展成企业家，将老板变身为资本家，以保证企业的长久发展。同时，合伙人制度还能够为企业储备大量人才，不仅可以增加员工的收入(工作收入 + 企业分红)，而且还能让企业的单位利润率得到提升，让企业得到快速发展。图 2-3 所示为合伙人制度的经营价值。

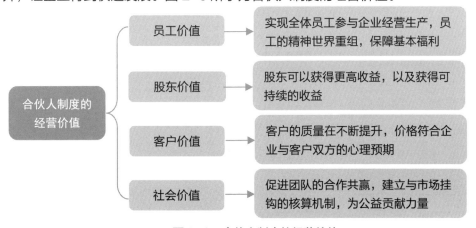

图 2-3 合伙人制度的经营价值

2.1.2 合伙人制度的五大模式

员工的工作态度对于企业的经营有着至关重要的作用，积极的工作态度是获得成功的关键所在，合伙人制度可以使员工与老板的关系变成生死与共的关系，因此推行合伙人制度也成为很多老板善用的激励手段。图 2-4 所示为合伙人制度和传统管理模式的主要区别。

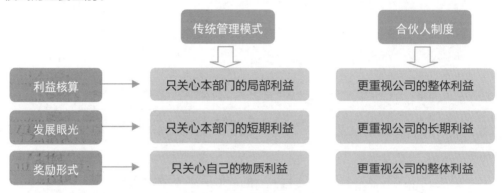

图 2-4 合伙人制度和传统管理模式的主要区别

既然合伙人制度有这么多的优势，那么如何判断自己的企业是否适合这种经营制度呢？以及哪种模式适合自己的企业经营呢？合伙人制度常见的模式，如图 2-5 所示。

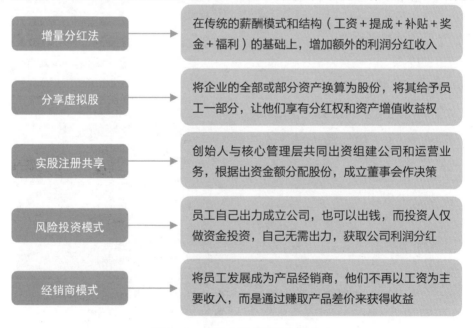

图 2-5 合伙人制度常见的模式

除了上面这 5 种常见的合伙人制度模式以外，还有一种项目跟投合伙模式，也非常受欢迎。在这种模式下，公司开发项目后，员工可以跟投这个项目，他们在享有超额收益的同时，也要承担超额的责任。这样，员工的收入与公司的业绩、股市和风险等都实现深度融合，与公司共同进退。

2.1.3　合伙人制度的管理体系

在合伙人制度模式下，把员工作为合伙人来对待，他们对于公司的心态也会天差地别。在公司员工看来，每天完成自己的本分工作，拿到属于自己应得的工资收入，自己与老板只是一纸雇佣合同的关系，下班了就没有关系了。而在企业合伙人看来，他不仅需要承担企业的责任和风险，而且还能享受到更多的效益分红，不再是给老板打工，而是自己给自己打工。

其实，在传统模式下，老板花钱雇人来工作，就是想通过他们来给自己赚钱，是一种商业上的"等价交换"关系。员工很难说服自己去做多余的工作，因为那样得不到收入，对他们来说没有任何意义。

因此，老板就会觉得这些员工做事少，还要求很高的工资，心里会不舒服；而员工则觉得老板给的工资低，还老是给他们安排很多事，工作没有干劲。久而久之，这种关系就会越来越恶劣，最终导致人才的流失，这对于企业和人才来说，都是"双输"的局面。

在传统的雇佣模式下，想要改变员工"给别人打工"的心态，几乎是不可能的，老板只能通过增加工资这种比较老套的方式来激励他们去做更多的事，但这种方式往往得不偿失。

而合伙人制度的出现，能够很好地解决这种"打工仔"的心态问题，通过将优秀的人才转化为企业合伙人，完善和优化合伙人晋升空间，从而让企业员工将"给别人打工"的心态转变为"给自己打工"，这样才能充分发挥员工工作的主动性、积极性。

其实，合伙人制度对于员工的行为还有很好的约束作用，因为它除了共享利润外，还有一个特点就是责任共担。合伙人制度能够让员工真正感受到企业效益与自己的利益是息息相关的，而不是赚的钱都装到老板的口袋里。员工有了这种"给自己打工"的心态后，即可大幅提高他们工作的责任心、主动性和稳定性，并且会不遗余力地推动企业向前发展。

例如，德勤(Deloitte)品牌，就是通过具有独立法律地位的数以万计的专业人士，联合向经筛选的客户提供审计、企业管理咨询、财务咨询、风险管理及税务咨询等服务，如图 2-6 所示。

德勤一直沿用普通合伙人的企业管理模式，并通过一系列的绩效标准考核来筛选新晋合伙人，新的合伙人必须满足一个基本条件，那就是"优于现有合伙人的平均水准"，并且获得所有合伙人的全票通过才行。

图 2-6　德勤品牌主要业务

2.1.4　合伙人制度的战略选择

当企业中的优秀员工上升到一定的高度后，可能会面临一种职业战略的选择，那就是做一个"职业经理人"，还是选择做企业的"事业合伙人"。首先来看一下职业经理人与事业合伙人的区别，如图 2-7 所示。

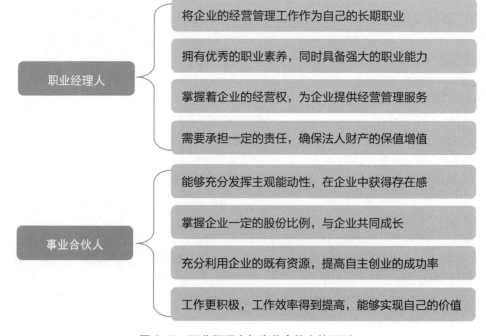

图 2-7　职业经理人与事业合伙人的区别

职业经理人在企业中是普遍存在的，他是企业领导者的一种战略选择，并且能够在企业发展过程中发挥巨大作用。他们通常保持着高昂的工作斗志，能够协助老板完成各项工作任务，推动企业的经营发展。但是，职业经理人和企业领导者之间，往往会进行各种博弈，因为大家的利益点并不一致。

企业的大部分客户和市场资源一般由职业经理人掌控，一旦他们选择离开，就会导致客户和资源的大量流失，造成不可挽回的损失。并且，如果职业经理人离开后选择自立门户，那么他们就会成为老板的强势竞争对手。同时，还有很多老板担心自己在花费大量时间和资金培养职业经理人之后，无法给企业带来应有的利益。这些都是博弈的实质表现，所以很多老板在选择职业经理人战略时都会犹豫不决。

因此，对于企业领导者来说，一定要学会识人和用人的技巧，为企业培养优秀的领导人才，打造核心团队来支撑企业的运转，充分发挥人才的价值。同时，领导者还需要在员工中建立强大的信任度，把那些优秀的员工作为自己的事业合伙人。

尤其是对于中小型企业来说，一定要多注重建立机制，而少用管理，因为管理需要付出大量的成本，而机制是一本万利的。选择事业合伙人机制，企业领导者还需要在思维上完成一些转变才行，具体如图 2-8 所示。

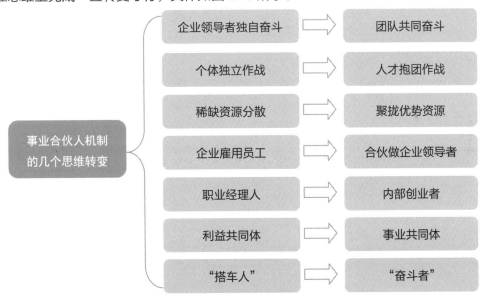

图 2-8　事业合伙人机制的思维转变

2.1.5　合伙人制度的案例分析

经过前文的解读，相信大家对合伙人制度已经有了初步的认识和了解。接下来，将通过对实行合伙人制度的 4 个企业案例进行全面分析，帮助大家更加清晰地理解合伙人制度的运行和管理。

1. 老板电器

杭州老板电器股份有限公司是一家经过四十余年市场检验的专业厨房电器生产企业，打造出中国家庭熟悉与喜爱的著名品牌——"老板厨房电器"。在"以客户为中心"的理念指导下，老板电器实现了从"经营产品"到"经营用户"的转变。图 2-9 所示为老板电器官网"投资者关系"页面。

图 2-9　老板电器官网"投资者关系"页面

老板电器早在 2014 年就开始推行"千人合伙人计划"，鼓励核心高管或骨干员工出资参股，实现企业内部创业。老板电器通过改变自身的经营体制，将原本独家个体经营的一级代理分公司转变为股份经营模式，让高管获得公司股份，从而形成利益共享、风险共担的管理模式。

> **专家提醒**
>
> 合伙人制度的 3 大要素。
> (1) 找到合适的合伙人。
> (2) 建立有效的合伙人机制。
> (3) 打造开放的企业文化氛围。

老板电器合伙人模式可以分为两个部分，如图 2-10 所示。同时，老板电器还推出了很多股份激励策略，对代理人制度进行革新，从而实现全员利益共享的目标，通过管控、股权激励与实施事业合伙人制度，打造高效营销体系。

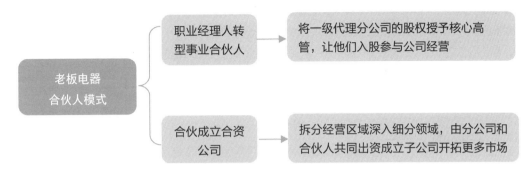

图 2-10 老板电器合伙人模式的两种类型

专家提醒

老板电器采用合伙人制度替代传统的分公司、一级经销商等经营和管理模式，区域一级经销商可以与老板电器合作成立子公司并且占有一定的股权份额，经销商最高可以获得 49% 的股份份额。

2. 万科集团

万科企业股份有限公司成立于 1984 年，1988 年进入房地产行业，经过 30 余年的发展，成为国内领先的房地产公司，目前主营业务包括房地产开发和物业服务。图 2-11 所示为万科集团的组织架构。

图 2-11 万科集团的组织架构

万科早在 2014 年就开始启动事业合伙人持股计划，万科管理层及核心员工使用其部分经营利润奖金设立券商资管计划投资万科 A 股股票，万科集团的合伙人制度策略如图 2-12 所示。万科的合伙人制有效地解决了企业各部门之间的意见分歧，使彼此间有了共同的利益和目标，使合伙人能够一起促进企业的发展。

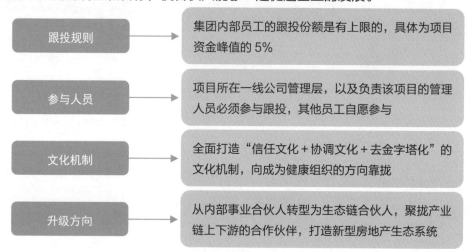

跟投规则	集团内部员工的跟投份额是有上限的，具体为项目资金峰值的 5%
参与人员	项目所在一线公司管理层，以及负责该项目的管理人员必须参与跟投，其他员工自愿参与
文化机制	全面打造"信任文化 + 协调文化 + 去金字塔化"的文化机制，向成为健康组织的方向靠拢
升级方向	从内部事业合伙人转型为生态链合伙人，聚拢产业链上下游的合作伙伴，打造新型房地产生态系统

图 2-12　万科集团的合伙人制度策略

3. 永辉超市

永辉超市是中国 500 强企业之一，生鲜经营是永辉超市的最大特色。永辉超市在上游供应链管理中有独到之处，坚持所有生鲜商品自己直营。同时，永辉超市通过密集布点、频繁配货的方式，提高配送效率，降低物流成本。永辉超市不仅在产品和服务上十分用心，在员工培养和晋级上，也有一套激励成长机制，以此来提升员工的工作积极性。图 2-13 所示为永辉超市员工成长通道。

图 2-13　永辉超市员工成长通道

零售行业所从事的通常都是粗活累活，而且工资收入也偏低，加上各项福利没有保障，所以人员流动性非常高。针对这些问题，永辉超市推出了限制性股票激励计划，以股权绑定核心员工利益，使企业员工能够安心留下来，给一线员工注入强大的活力和旺盛的斗志。

永辉超市针对内部员工创立合伙人机制，针对员工创造的利润制定了一个标准，只要超过这个标准即可得到相应的提成，甚至部分店铺会与员工分享所有的利润，如图 2-14 所示。

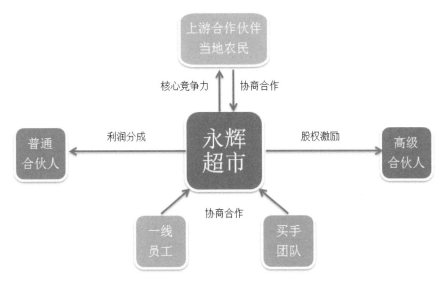

图 2-14　永辉超市合伙人机制

4. 高盛集团

高盛集团(Goldman Sachs)是一家国际投资银行，向全球提供广泛的投资、咨询和金融服务，拥有大量的多行业客户，包括私营公司、金融企业、政府机构以及个人等。通过合伙人机制，高盛成功地集结了大量的业内精英人才，同时构建了稳定有效的管理体系，如图 2-15 所示。

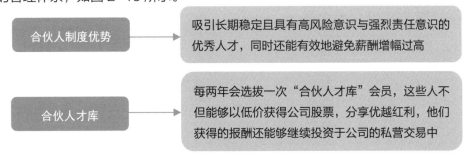

图 2-15　高盛合伙人机制分析

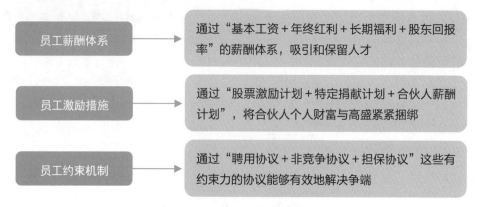

图 2-15　高盛合伙人机制分析(续)

成为高盛合伙人，不仅可以收获丰厚的薪水，而且还可以分享丰厚的奖金。一般情况下，合伙人的年薪都在 100 万美金以上，同时还能获得股票、期权以及额外的丰厚附带福利。

专家提醒

高盛在选拔人才时，非常重视"精英文化"，有严格的筛选流程。员工加入高盛后，通常是从最普通的分析员做起，经过层层发展，最终做到合伙人，打造了一条让员工阶梯晋升的职业发展通道。

2.2　合伙创业：实现团队互利共赢

创业要想成功，既要拥有良好的公司体制，也必须拥有一流的创业团队。因此，初创企业在制定合伙人机制时，一定要保证团队里每个人的利益，避免在之后产生矛盾，创业失败。只有合伙创业团队相互帮助、共同进步和互利共赢，这样企业才能走得更远。

2.2.1　搭建创业团队的关键因素

俗话说"三个臭皮匠，赛过诸葛亮"，合伙创业不仅能够拓展创业者的人脉资源，还能够相互扶持，开启财富之路。合伙创业首先要选择合适的合伙人，组建一支合作融洽、能力匹配的创业团队，才能够帮助创业者完成大部分的工作，给创业者腾出时间来思考企业的发展战略，避免其被烦琐的工作所拖累。下面，笔者将为大家介绍挑选创业合伙人、搭建创业团队的关键因素和流程。

1. 寻找合伙人

对于刚开始创业，没有什么人脉资源的创业者来说，可以在自己的熟人圈子中找合伙人，如亲戚、朋友、同学、同事或者夫妻搭伙创业。这些人都是创业者认识和熟悉的人，大家知根知底，交流起来也不会尴尬，彼此也更容易产生信任感。

当然，如果熟人圈中确实没有合适的合伙人，也可以去网络上寻找。现在的网络非常发达，创业者可以将自己的创业想法发布到网络上，寻找志同道合的人共同创业，如图 2-16 所示。

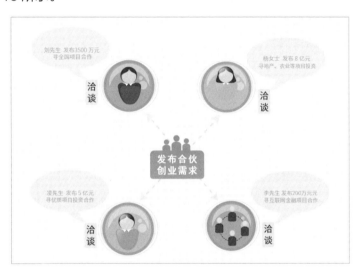

图 2-16　通过互联网发布合伙创业需求

创业选择合伙人时，还需要遵循一些基本原则。

(1) **重诺守信**。诚实守信，表里如一，言行一致，以能履行跟人约定的事而取得合伙人的信任。

(2) **志同道合**。合伙人之间彼此志向、志趣相同，理想、信念契合，与"门当户对"的道理相似。

(3) **优势互补**。企业需要广泛地依靠各种类型的人才，让他们各自发挥自己所长，做到优势互补，这样才能凝聚最强的团队战斗力。

(4) **德才并重**。品德教育应与文化教育并重发展，以德为先，情感与理智并重修炼，全面提升。

2. 设定合伙协议

创始人可以预先制定一份合理的合伙协议，在找到合适的合伙人之后，与他们签订该协议。这样既可以保证合伙双方的利益，也可以提前规避后期合作过程中可能产生的争议或问题。

3. 加强合作关系

既然是合伙创业，那么今后可能会经常在一起工作，因此合伙人之间一定要打造良好的关系，以使合作更加融洽，具体方法如图 2-17 所示。

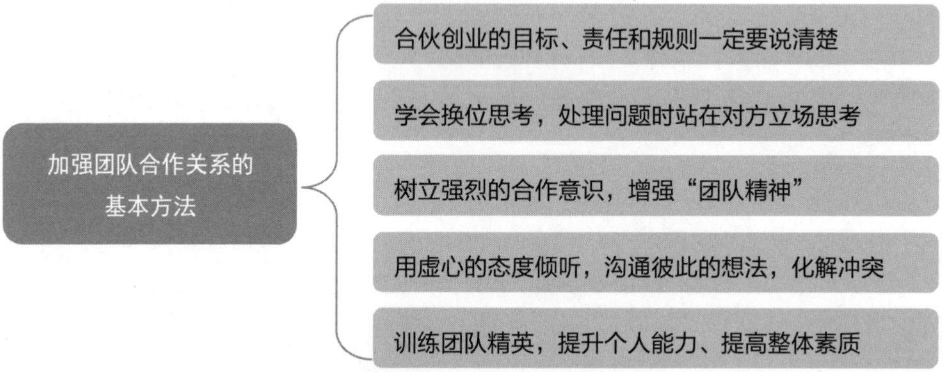

加强团队合作关系的
基本方法

- 合伙创业的目标、责任和规则一定要说清楚
- 学会换位思考，处理问题时站在对方立场思考
- 树立强烈的合作意识，增强"团队精神"
- 用虚心的态度倾听，沟通彼此的想法，化解冲突
- 训练团队精英，提升个人能力、提高整体素质

图 2-17　加强团队合作关系的基本方法

专家提醒

企业还需要通过一定手段，使团队合伙人的需求和愿望得到满足，以调动他们的积极性，使其主动自发地把个人潜力发挥出来，从而确保既定目标的实现。

2.2.2　筛选合伙人的条件与要求

文明是由群体共同合作创造出来的，没有合作就无法产生文明。即使是一些伟大的艺术家，也需要在他人的协助下，才能完成他的作品。同样的道理，我们创业也离不开合作伙伴，稳定互补的团队组合很重要。

创业者一个人单干往往很难成功，可以试着选择找几个拥有不同能力的合伙人，让团队看起来更加多元化，增强团队的实力。那么，如何才能找到可靠的合作伙伴呢？主要有以下 6 项要求。

（1）**明确创业目标**。创业者只有清楚自己为什么创业，创业的意义在哪里，才能够了解自己需要什么样的合伙人。

（2）**制定创业计划书**。创业者应根据创业目标和合伙人定位，完善创业计划书的内容，寻找能够帮助自己完成创业项目的合适的合伙人。

（3）**结识更多的人脉**。只有认识足够多的人，扩大自己的交际圈，才有可能发现更多的人才，并从中找到志向相投的合伙人。合作伙伴是有商业往来的人，是交换利益的人，这种人脉关系，如果还有共同的价值观和原则，将促进企业的发展。

（4）**发布合作招募信息**。想要找到创业合伙人，最重要的是通过各种渠道将自己

的项目发布出去，并进行广泛宣传，让更多的人看到你的项目，吸引人才的关注。创业者可以通过 58 同城、合作百姓网等互联网工具发布招募合作伙伴的信息，如图 2-18 所示。

图 2-18　通过 58 同城发布招募合作伙伴信息

除此之外，创业者还可以通过各种自媒体渠道高效挖掘合伙人，如微信公众号、今日头条、百家号等，这些平台聚集的人流非常大，可以找到很多有相同兴趣爱好的人才。图 2-19 所示为通过微信公众号发布的商业合作信息。

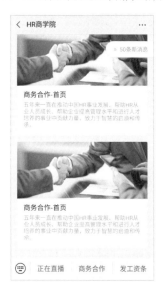

图 2-19　通过微信公众号发布合作信息

（5）找到第一批合伙人。在创业之前或者初创期，可以先从身边的亲朋好友中筛选一些合适的合伙人，这些人彼此都很了解，合作起来也会更加默契，办事效率会更高。另外，创业者还必须清楚自己有什么缺点，在找合伙人时尽可能找与自己可以互补的人才。打造互补性的团队，有利于创业项目的顺利发展，同时也可以锻炼和提升自己的能力。

(6) **制订合作方案。**合作方案一定要完整，简单介绍合作的项目，仔细阐明项目的宗旨，并且从具体的方面来讲述项目的内容、合作流程、资源投入、前景预估，以及项目能够给合作方带来的利益，从而找到认同项目的人才，使双方都对项目的未来充满信心，进一步促进合作的形成。

2.2.3 设定合理的员工股权比例

公司成立后，创业者首先要招聘员工，其核心就是需要培养员工具有"员工心态"，即员工应对自己的能力和职责有清晰的定位，这样才便于打造公司的未来。在创业初期，有些创业者也会发展一些优秀员工作为合伙人，给予他们一定的股权激励，如果股权激励不当，会带来一些弊端如图 2-20 所示。

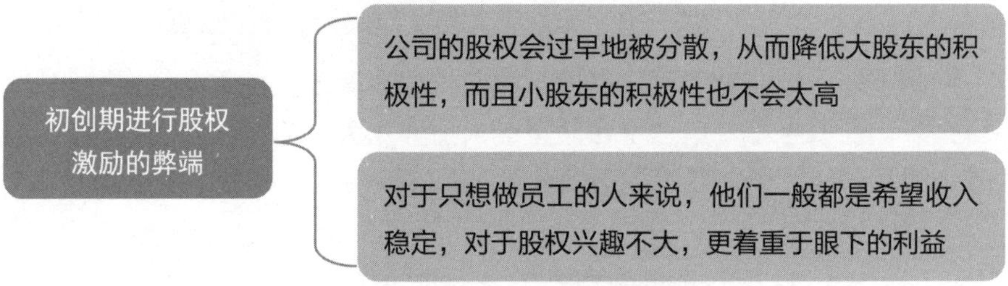

图 2-20　初创期进行股权激励的弊端

因此，创业者在准备给员工分配股权时，也不要拿出太多的份额，需要预留一部分股权池为之后的企业融资和招揽人才做准备，笔者建议股份的份额为 5%～15%为宜。在给员工分配股权时，他们最好能满足一些条件。图 2-21 所示为员工入股的基本条件示例。

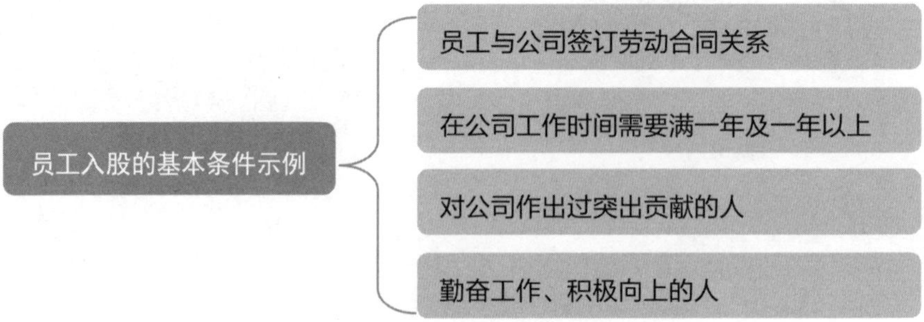

图 2-21　员工入股的基本条件示例

对于员工内部持股的股份性质，既可以在公司章程中作出硬性规定，也可以根据创业者公司的实际情况提出一些特殊的要求。图 2-22 所示为员工股权分配的部分股份性质说明。

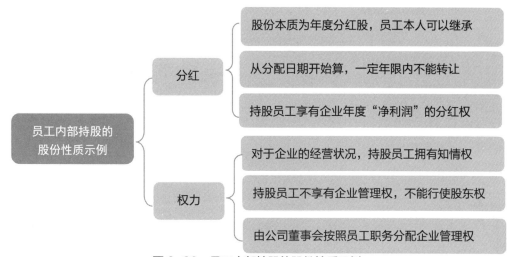

图 2-22 员工内部持股的股份性质示例

2.2.4 约定好股权协议的限制条款

拥有股权的合伙人在企业内部会得到更多的权利和信息，如果他们为了自身利益，而发生出卖企业利益的行为，如泄露企业的商业机密，或者将企业的知识产权高价卖给别人，以及拿走企业资源另立门户，等等，这些都会给企业造成巨大的损失，甚至可能会造成初创企业破产的后果。

因此，出于对创业企业的保护，以及更好地维护其他合伙人的利益，一定要在股权协议中约定好相关的限制条款，相关范本规则如图 2-23 所示。

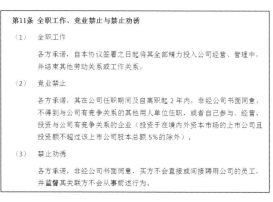

图 2-23 股权协议中的限制条款范本

2.2.5 分离合伙人股权与分红权

企业创业者可以针对不同合伙人或员工的特点进行多重激励，让大家各有所得。多重激励的主要方式如图 2-24 所示。

多重激励的主要方式
- 制定切实可行的目标，能够激励员工奋发工作
- 优秀的企业文化可以不断激励员工竭尽全力地奋斗
- 业绩突出的优秀人才，给予更加优厚的物质待遇
- 通过领导者在某些方面的有意行为来激发下级的工作积极性
- 强化交流，满足员工的感情需求，激发其工作积极性

图 2-24 多重激励的主要方式

另外，还可以通过分离股权与分红权的方式进行多重激励，甚至还可以分离表决权，对于善于管理的人给予他们更多股权，想赚钱的人则给予他们更多分红权，股权与分红权的分离原则如图 2-25 所示。

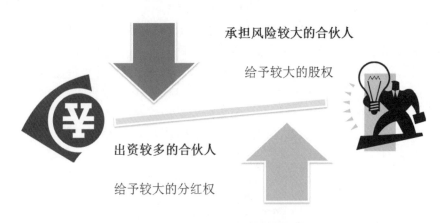

图 2-25 股权与分红权的分离原则

2.2.6 合伙创业与内部创业并行

通常，优秀的企业内部必定会有一群优秀的员工，这些优秀的员工可以维持企业的高效运营和带动企业发展。当企业因规模限制遭遇发展瓶颈的时候，优秀员工可能会选择跳槽，此时企业就会面临人才流失的困局。面对这种困局时，企业可以为优秀

员工提供内部创业的机会，帮助他们实现真正的人生价值。图 2-26 所示为内部创业的好处。

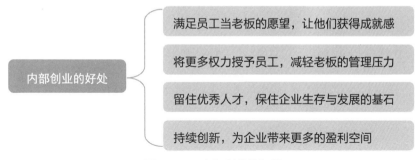

图 2-26　内部创业的好处

既然内部创业对于企业来说有这么多好处，那么具体该如何做呢？内部创业的常见模式，如图 2-27 所示。

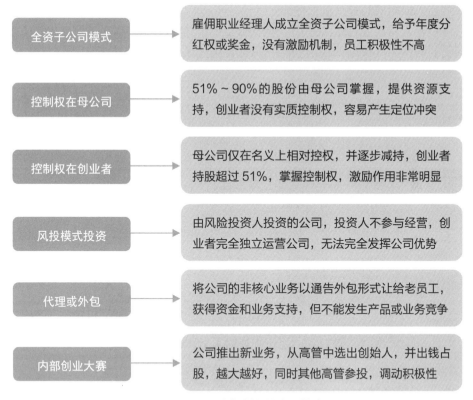

图 2-27　内部创业的常见模式

内部创业可以绑定人才和企业的利益，解决人才流失问题，同时还能扩大企业规模，把员工变成合伙人，运用"股权"裂变由一家公司裂变出多家公司。

专家提醒

　　内部创业可以让员工变成股东，成为公司的主人，让他们产生更好的安全感、责任感和使命感，从而主动为公司的发展出力。

　　内部创业是大型企业常用的招数，如腾讯的微信、阿里巴巴的蚂蚁金服、华为的荣耀等，都是内部创业的经典成功案例。

　　又如，雷神科技是由 3 个年轻的合伙人创建的，主打产品为雷神游戏笔记本，从 2014 年开始创业，创业第三年其营业收入就突破了 10 亿元。从雷神科技的股权结构中可以看到，海尔集团是其最大的股东，持股 37.97%，雷神也因此成为海尔的内部创业子品牌。

　　因此，中小企业也可以通过内部创业的形式，激发员工的创业激情和动力。在内部创业制度中，企业可以为那些有创新思想和有干劲的内部员工和外部创客，提供自己的平台和资源，彼此通过股权、分红的形式来合伙创业，让员工的创意实现商业价值，并且与母公司共同分享创业成果。

　　职业经理人和事业合伙人是可以相互转换的，企业可以将优秀的职业经理人转变为内部创业合伙人，鼓励他们自由组合形成创业团队，使其更愿意为企业的发展做出贡献，如图 2-28 所示。

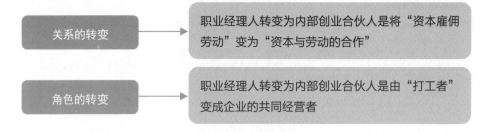

图 2-28　职业经理人转变为内部创业合伙人

　　职业经理人和事业合伙人都可以与企业共同创造价值、共享利润，但事业合伙人需要共同承担企业亏损、失败等风险，而职业经理人没有共同承担风险的顾虑，因此"事业合伙人＝职业经理人＋风险共担"。

2.2.7　选择高标准的联合创始人

　　创业者在成立公司前，还需要选择一个高能力和高标准的联合创始人，共同做出公司发展战略、产品开发、制订计划、打造团队、招揽员工、营销策略以及股权分配等方面的决定。联合创始人的能力、态度、眼光和格局，往往决定着创业项目的成败，如图 2-29 所示。

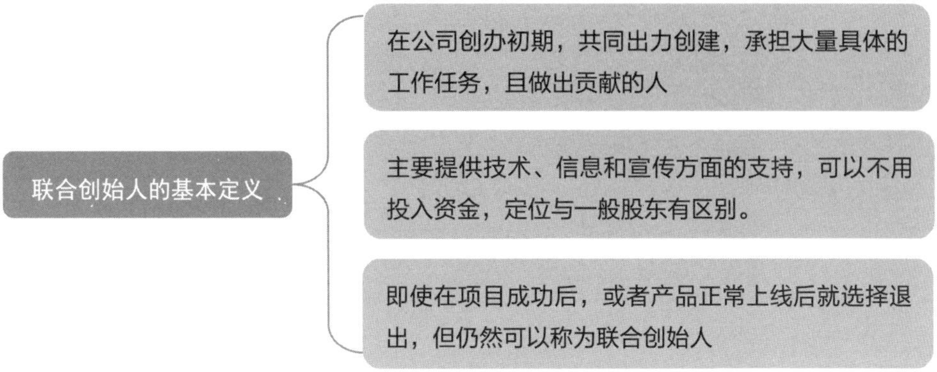

在公司创办初期，共同出力创建，承担大量具体的工作任务，且做出贡献的人

主要提供技术、信息和宣传方面的支持，可以不用投入资金，定位与一般股东有区别。

即使在项目成功后，或者产品正常上线后就选择退出，但仍然可以称为联合创始人

联合创始人的基本定义

图 2-29　联合创始人的基本定义

　　联合创始人可以理解为发起人，对于公司来说非常重要，在选择联合创始人时需要遵循一定的标准，具体如图 2-30 所示。

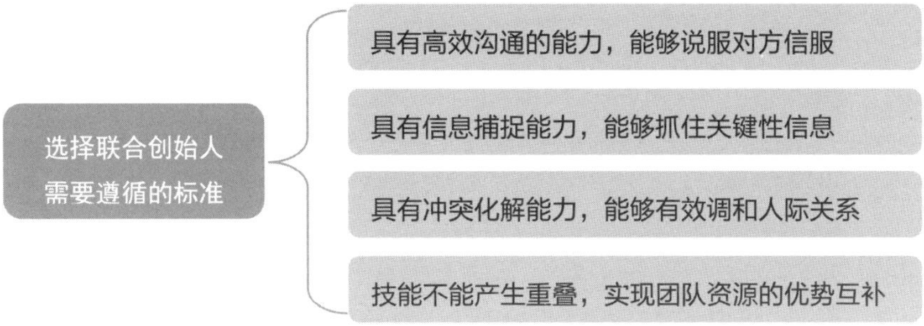

选择联合创始人需要遵循的标准

具有高效沟通的能力，能够说服对方信服

具有信息捕捉能力，能够抓住关键性信息

具有冲突化解能力，能够有效调和人际关系

技能不能产生重叠，实现团队资源的优势互补

图 2-30　选择联合创始人需要遵循的标准

第 3 章

分配：着眼长远发展

　　股权分配是指将部分企业股份让渡给企业合伙人和技术人才。通过股权分配，可以调动员工的工作积极性、建立企业文化、提升企业价值、实现企业的可持续发展。但是，股权分配不是简单的分蛋糕，如果股权分配出现问题，对员工和企业都将造成无法挽回的损失。本章将全面分析企业的股权分配，让企业着眼于长远发展，走在正确的轨道上。

3.1　基本原则：合理进行股权分配

股权分配是令许多初创企业都感到头疼的问题，因为这关系到企业很多人的利益。股权分配一旦出现问题，不仅会伤害股东和员工的情感，降低企业的凝聚力，而且可能会造成大量的人才流失，损害企业的经济利益。

本节将主要介绍初创企业股权分配的基本原则和分配方式，不管是企业的经营者还是初创企业的创业者，都可以从中学习如何公正且合理地分配股权。

3.1.1　确定企业的创始人

在开始合伙创业之前，首先要从合伙人中选出一个最合适的创始人，并确定好他的个人身价。创始人是承担企业责任和风险的人，判断方法也非常简单，那就是这个人的股权份额一般是最多的。

例如，苹果的创始人包括史蒂夫·乔布斯(Steve Jobs)、斯蒂夫·沃兹尼亚克(Stephen Gary Wozniak)和罗·韦恩(Ron Wayne)3人，在起始阶段的股权比例分别为45%、45%、10%。确定好企业创始人的身份后，接下来需要确定他们的身价，这决定了他们具体能够获得多少股权。图3-1所示为创始人股权分配的计算方法。

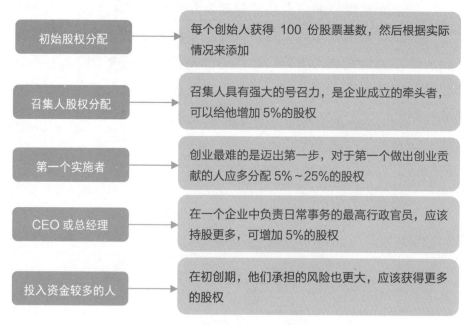

图3-1　创始人股权分配的计算方法

根据以上方法来分配创始人的股权，最后综合这些因素进行计算即可。例如，某个公司3个创始人最终分得的股份为创始人A分得300股，创始人B分得200股，创始人C分得500股。那么，他们的总股份为300+200+500=1000股，则可以计算出他们的持股比例为30%、20%、50%。

3.1.2 保证股权合理分配

确保公司或项目的长久运营是股权分配的核心原则，所有分配方式都必须以这个原则为出发点。股权分配的基本原则如图3-2所示。

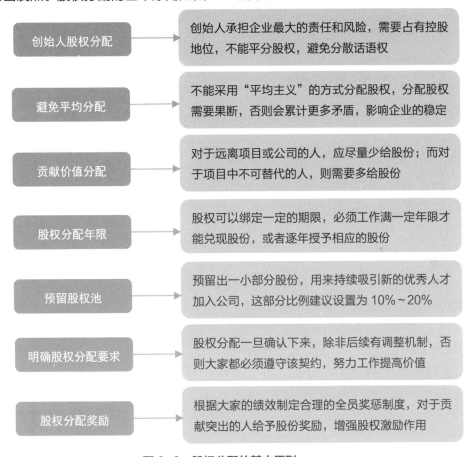

创始人股权分配	创始人承担企业最大的责任和风险，需要占有控股地位，不能平分股权，避免分散话语权
避免平均分配	不能采用"平均主义"的方式分配股权，分配股权需要果断，否则会累计更多矛盾，影响企业的稳定
贡献价值分配	对于远离项目或公司的人，应尽量少给股份；而对于项目中不可替代的人，则需要多给股份
股权分配年限	股权可以绑定一定的期限，必须工作满一定年限才能兑现股份，或者逐年授予相应的股份
预留股权池	预留出一小部分股份，用来持续吸引新的优秀人才加入公司，这部分比例建议设置为10%~20%
明确股权分配要求	股权分配一旦确认下来，除非后续有调整机制，否则大家都必须遵守该契约，努力工作提高价值
股权分配奖励	根据大家的绩效制定合理的全员奖惩制度，对于贡献突出的人给予股份奖励，增强股权激励作用

图3-2 股权分配的基本原则

股权分配必须做到利益平衡，也就是说投资的风险和收益一定要均衡，付出越多的人，风险越大，获得收益同理应该更大。同时，股权分配还需要做到阶段平衡，不仅要保证现阶段的公平分配，同时还要留下一定的调整空间，以保持足够的灵活性。

例如，奇虎 360 的股权激励池达到了 40%，华为更是达到了惊人的 98.6%，华为总裁仅持股 1.4%，但依然是华为的最大股东，而且是唯一的个人股东，拥有绝对的企业管理决策权。图 3-3 所示为比较合理的股权分配结构。

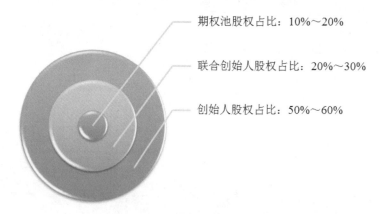

期权池股权占比：10%～20%

联合创始人股权占比：20%～30%

创始人股权占比：50%～60%

图 3-3　比较合理的股权分配结构

3.1.3　不同合伙人人数分配

在初创企业中，不同的企业可能会有不同人数的合伙人。因此，在分配股权时创始人需要遵循不同的分配原则和方式。接下来，笔者将对不同人数合伙企业的股权分配进行重点分析。

1．两人合伙

在创建企业时，两人合伙是非常常见的现象，这种合伙模式的股权分配方式也比较容易，具体方法如下所述。

（1）**根据个人能力分配股权**。倘若两个人都是全职工作，在个人能力方面，建议错开搭配，可以"一强一弱"，能力强的人股权比例高一些，能力差的人股权比例则应低一些。

（2）**根据分工方式分配股权**。对于全职工作的人来说，即使投资小，但占股比例可以更大；对于不全职工作的人，或者只投资不加入公司运营的人来说，即使投钱多，也只能分配小额股份。

（3）**根据发起人分配股权**。企业发起人通常也是带头人，按道理来说要给予更多股份。但也有一些特殊情况，发起人只是召集者，并不全职参与公司运作，而合伙人则全职工作，这种情况也有以下两种分配方法。

- 方法一：发起人转变为投资人，分配小额股份。
- 方法二：如果发起人不甘心自己花了这么多钱却只占到"小股"，还可以通过商定分红的方式来分配利润，需要考虑工资、奖金、分红等方面的收入，让做贡献更多的人能够多分配一些股权，以保证合伙人之间的利益均衡。

(4) **根据投资金额分配股权**。很多时候，两人合伙会直接按照彼此的投资金额来分配股权，这种方式最为简单，但仍然需要根据实际情况做评估和计算，达到合理分配的目的。

- 案例说明：例如，某个公司预计总投资额为 1000 万元，合伙人 A 投入 200 万元，且全职工作，并分配 20% 的股份；合伙人 B 投入 800 万，但他没有全职加入，却占了 80% 的股份。这种情况对于合伙人 A 来说，显然是不合理的，他很难全身心地投入到工作中，这样对于企业发展非常不利。
- 解决方案：如果合伙人 A 是企业发起人，建议根据他的贡献和作用，适当提高股权比例，建议可以设置为 80%，而合伙人 B 可以设置为 20%，或者也可以采用 7(67%)：3(33%) 的方式。采用这种分配方式，企业的决策者非常明确，可以为企业作出快速有效的决策，更利于企业的发展。

总之，两人合伙创业时，创始人一定要保证分配到绝对的决策权，这样才能让创业项目获得安全、稳健的发展。同时，两人合伙还需要规避一些错误的股权分配方式，相关示例如图 3-4 所示。

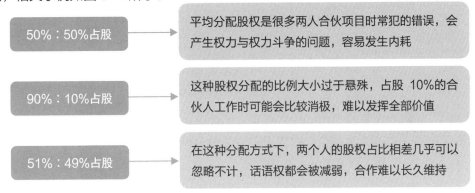

50%：50% 占股	平均分配股权是很多两人合伙项目时常犯的错误，会产生权力与权力斗争的问题，容易发生内耗
90%：10% 占股	这种股权分配的比例大小过于悬殊，占股 10% 的合伙人工作时可能会比较消极，难以发挥全部价值
51%：49% 占股	在这种分配方式下，两个人的股权占比相差几乎可以忽略不计，话语权都会被减弱，合作难以长久维持

图 3-4 错误的两人合伙股权分配方式

2. 夫妻股东

夫妻合伙是一种比较常见和特殊的两人合伙形式，虽然明面上是两个人，但本质上他们都属于同一个家庭，这等于说风险和责任还是由自己来承担的。在这种情况下，两个人都会撸起袖子更加努力地工作，两个人可能都会比较强势，因此一旦产生分歧，就很容易爆发冲突。

在现实生活中，夫妻联手创业的案例非常多，而且夫妻双方都拥有一定的个人能力，如果能够相互弥补，这当然是最好的。比如，丈夫专做产品、技术类的事务，妻子则主要负责企业的人事管理，那么彼此的冲突范围就会缩小。

股权的多少在本质上体现的是权力的大小，夫妻的股权都属于家庭的共同财产。如果对于权力的分配非常模糊，那么创业失败甚至感情破裂，这也是非常常见的结果。因此，夫妻合伙创业一定要学会将生活和工作区分开，只有这样才能在决策与经营中相互取长补短，消除片面性与情绪化所造成的失误。

夫妻合伙股权分配最天然的比例就是 50%∶50%。夫妻之间权利与义务是同体关系，彼此地位平等，对企业财产有共同的所有权和处理权。但是，我们可以把分红权和表决权分开，具体分配方式如图 3-5 所示。

分红权
50%∶50%

夫妻
股东

表决权

根据创业时间和顺序、承担风险程度、带头领导作用来100%分配表决权。

图 3-5　夫妻股东的股权分配方式

例如，如果这个项目是由丈夫发起的，那么可以把全部的分红权都分给妻子，家里的事务由妻子进行管理，企业的管理则由丈夫全权负责，掌握所有的表决权，双方互不干涉。

专家提醒

另外，建议随着企业的发展，夫妻之中的一人可以慢慢退出公司的管理层，毕竟事业不是一个人的全部，能兼顾家庭和事业的人才是真正有智慧的创业者。例如，马云和妻子张瑛是大学同学，他们在毕业后就马上结婚了。1999 年，张瑛随马云等 18 人团队创建阿里巴巴，曾任阿里巴巴总经理。阿里巴巴在拥有了超过 2300 亿美元的市值，并囊括雅虎、淘宝、支付宝后，马云将妻子劝离了总经理的岗位。

3. 三人合伙

俗话说"三人行，必有我师焉"，三个人合伙共同创业可以获得非常巨大的力量，其主要优势如图 3-6 所示。

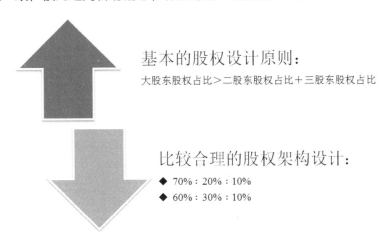

图 3-6　三人合伙的优势

在三人合伙的机制下，建议最大股东拥有的股权比例要超过另外两个人的股权之和，如图 3-7 所示。三人合伙其实也有很多弊端，不仅需要分摊更多的利润，而且意见难以一致，彼此之间容易猜忌，做决策时也会更慢一些。

基本的股权设计原则：

大股东股权占比＞二股东股权占比＋三股东股权占比

比较合理的股权架构设计：

◆ 70%∶20%∶10%
◆ 60%∶30%∶10%

图 3-7　三人合伙的股权分配方式

专家提醒

　　尤其是在自私、贪婪的人性驱使下，小股东可能会因为自身利益去干扰大股东的经营管理。苹果公司就是一个三人合伙创建的公司，其中创始人史蒂夫·乔布斯是一个不折不扣的天才，但即便是这样厉害的人物，也因为缺乏团队合作意识，曾经一度被赶出自己创立的苹果公司。因此，三人合伙时一定要保护好带头创始人，让他得到应有的尊重，这样才能实现长期共赢的目标。

　　另外，还有一种比较常见的特殊分配方式，即 33.4%∶33.3%∶33.3%的平均分配方法，这种股权比例非常容易出现矛盾。通常股权是以资金投资比例来分配的，就是简单地认为大家都出一样多的钱，拿同样的利润。当然，有的人会对公司特别上心，而有的人则会偷懒懈怠，此时做事多的人自然会心生芥蒂，甚至会产生法律纠纷。因此，三人合伙时还应该注意股权分配方式，如图3-8所示。

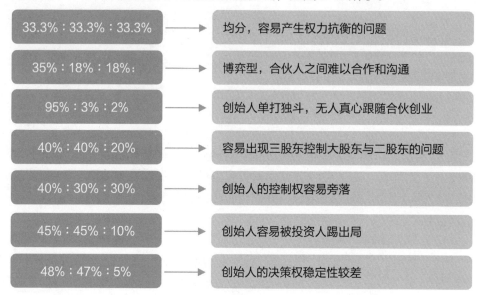

33.3%：33.3%：33.3%	均分，容易产生权力抗衡的问题
35%：18%：18%：	博弈型，合伙人之间难以合作和沟通
95%：3%：2%	创始人单打独斗，无人真心跟随合伙创业
40%：40%：20%	容易出现三股东控制大股东与二股东的问题
40%：30%：30%	创始人的控制权容易旁落
45%：45%：10%	创始人容易被投资人踢出局
48%：47%：5%	创始人的决策权稳定性较差

图 3-8　三人合伙需要避免的股权设计结构

4. 多人合伙

当创业合伙人数超过 3 人时，比较常见的多人合伙有 4 人合伙和 5 人合伙。不管有多少个合伙人，创始人必须具有一票否决权，这是一种强有力地保持公司实际控制权的方式。如果其他合伙人的股份总和大于创始人的占比，那么创始人在做决策时就需要慎重考虑他们的共同意见，保证决策的合理性。

在多人合伙创业时，平均分配股权的方式是最不应该出现的。虽然，看上去是人人都有相同的股份，大家皆大欢喜。实际上是大家都没有权力，谁也做不了主。这样的公司就像一只无头苍蝇，找不到方向。下面以 5 个人合伙为例，介绍几种常见的股权比例设计方式，如图3-9所示。

专家提醒

　　对于企业来说，创始人保持企业的控制权非常重要，例如几大电商巨头和互联网巨头，它们从成立之初到今天，都是由企业的核心灵魂人物牢牢把握着控制权，带领企业向前发展。

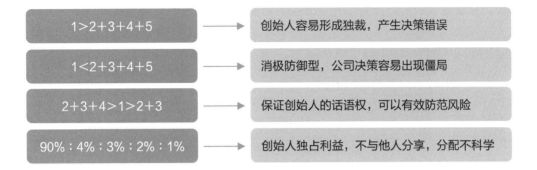

图3-9 4人或5人合伙常见的股权比例设计方式

另外，对于初创企业来说，还可以采用"54321"的股权分配方式，具体方案如图3-10所示。

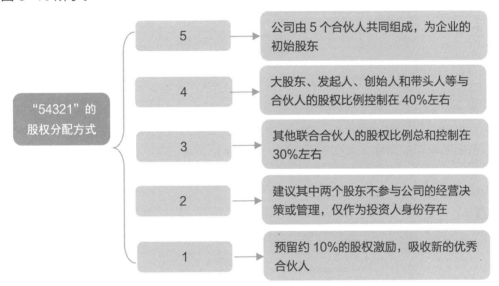

图3-10 "54321"的股权分配方式

企业创始人应该在创业之初就进行科学合理的股权架构设计，适时、适当地进行股权分配，保障合伙人的合法权益。约定好初步的股权分配方式之后，还要确定好增资、退出等股权变更协定，最好从一开始就签订相关协议，以免日后产生矛盾。

3.2 操作方法：如何维持企业的发展和稳定

掌握了股权分配的基本原则之后，企业的创始人还需要通过理论指导实践，将股权分配更好地应用到企业的具体实施中。本节，笔者将带领大家学习股权分配的具体操作方法，让股权分配成为企业发展的助力工具。

3.2.1 量化团队价值贡献

在初创阶段进行股权分配时，一定要将合伙人的贡献量化后再分配股权，明确各个合伙人长久的责任、权力和利益。图 3-11 所示为量化贡献的主要参考因素。

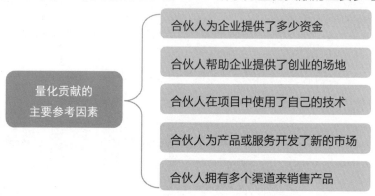

图 3-11 量化贡献的主要参考因素

在合伙创业时，每个合伙人都会扮演不同的角色，对于企业的发展都是至关重要的，都能够为企业做出自己的贡献。但是，这些贡献的性质和作用并不相同，创始人难以去进行等价的对比，致使股权分配也变得无所适从。

因此，创始人需要将合伙人做出的这些贡献，通过"为公司带来的价值"为标准进行量化处理，具体计算方法如图 3-12 所示。

图 3-12 量化价值贡献计算方法

3.2.2　预留出股权池空间

在给合伙人分配股权时，还需要留出一部分股权池空间，用来持续吸引新的投资人进入，同时让控制权在融资过程中不至于丢失。

以 3 人合伙为例，公司的注册资本为 100 万元，应预留 15%股权用来吸收新的合伙人，并在合伙协议中写明。但这样做会产生两个问题，如图 3-13 所示。

图 3-13　预留股权池产生的问题

对于股权归属问题，这里笔者提出了 3 种解决方法，供大家参考。

1) 创始人代持

方法：15%股权暂时寄放在创始人名下。

分析：创始人可以更好地掌握决策权，同时便于将股权转让给新合伙人。

2) 平台代持

方法：成立一个由普通合伙人(创始人)和有限合伙人(其他两个创业合伙人)组成的有限合伙企业，将 15%的预留股权池放在这个新的持股平台上。

分析：当有新的合伙人加入时，可以直接从有限合伙企业中分得股权。这种方法的好处是一劳永逸，但要付出更多的成本，而且还需要重新注册一家企业。

3) 均分代持

方法：3 名合伙人均分股权，然后分别代持这 15%的预留股权。

分析：这是最差的一种方法，虽然各个合伙人可能会觉得很公平，但企业这种做法既不利于企业管理，而且新合伙人加入时，重新分配股权的工作也比较麻烦。

对于资金问题，则处理起来更加简单，下面也总结了一些方法。

● 谁持有预留股权池，就由谁来出钱。

● 先由 3 个合伙人共同出资，待新合伙人加入，将股权转至其名下后，再由他来出资。

除了上面两个问题外，在实际操作过程中，还会出现第 3 个问题，那就是谁可以享有预留股权的权利？通常情况下，哪个合伙人出钱，就应该享有这部分股权。但是，如果合伙人 A 拿出了这 15 万元注册资本，持有 15% 的预留股权池，同时他也能多享受相应比例的决策权和分红权。此时，合伙人 B 和合伙人 C 也想要出这笔钱，以换取同样的权利，这种情况该如何处理？

对于这种情况，处理不好就有可能产生矛盾，导致合伙人"分手"和创业失败。笔者建议可以采用分离决策权和分红权的方式，各取所需。例如，创始人享有决策权，所有合伙人都享有分红权，至于分红权具体如何分配，可以大家一起协商处理，作为创始人一定要有大格局、大胸襟，这样才有更好的未来。

在企业发展过程中，为了激励员工或者获得资金，通常都会拿出预留股权进行融资，预留股权池不仅能够起到延期激励的作用，而且还能为企业吸引更多的优秀人才，以及完善企业激励机制。那么，在预留股权池时，到底应该留多少呢？

通常在初创期，预留股权池占比为 10%～20%，甚至可以高于 20%，但不建议全员持股，只要保证核心人员持股即可。随着企业的发展，会不断吸引新的资金，从而扩大期权池的规模。

初创企业在发给员工分配股份时，早期的吸引力并不大。例如，100 万元注册资本，分配 10% 的股权池，对应的就是 10 万元，如果给予员工 1% 的股权，则只有 1 万元。但是，随着公司股权池的扩大，当估值达到 10 亿元的时候，这 1% 的股权对应的就是 1000 万元。

因此，很多企业会采用虚拟股的形式来分配，将早期的 10 万元注册资本的股权拆成 1000 万股，即员工出一元钱就可以换成 100 股，这样不管是账面数据，还是吸引力都会大很多，诱惑力也会更大。

例如，某公司注册资本为 1000 万元，虚拟股份总额设置为注册资本的 20%，即 200 万股，首次分配总额为 180 万股，预留股权额度的 20 万股，用于新增员工、岗位晋升员工的股权激励，如图 3-14 所示。并且在每轮融资完成后，都会重新调整相应的股份总额和各岗位股份基数。

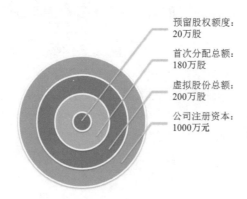

预留股权额度：
20万股

首次分配总额：
180万股

虚拟股份总额：
200万股

公司注册资本：
1000万元

图 3-14　预留股权池示例

总之，作为创业企业，股权架构一定要明晰、合理，这也是投资人在投资企业时会重点关注的问题。当投资人准备进入股权池时，企业也需要提前规划好，调整股权池结构，留出足够的预留股权池，发挥持续性的激励作用，吸引各色人才的加盟，为未来的发展留下更多余地。

3.2.3　股权分配量化模型

股权架构是指不同性质的股份在股份公司总股本中所占的比例及其相互关系。初创企业需要建立立体、直观、科学的股权架构，常用的方法是 4C 股权架构，如图 3-15 所示。4C 股权理论认为，在人力资本驱动下，公司股权应该是 4C 结构，即创始人、合伙人、核心员工、投资人决定了公司未来的价值。

图 3-15　4C 股权架构的基本含义

很多初创企业的股权分配依据不科学，欠缺公平与长远考虑，建议运用 4C 股权分配理论重新考量，将企业初始股权分为创始人股、合伙人股、资金股、岗位股 4 个部分，如图 3-16 所示。

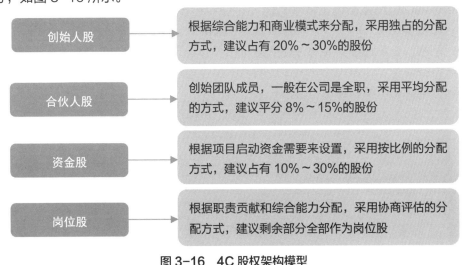

图 3-16　4C 股权架构模型

注意，在分配股权之前，还需要预留一部分股权池。如果企业的股权分散得非常厉害，则可以将预留出的股权池集中在一起，由创始人代持，让创始人掌握更多主动权。另外，我们还可以通过"4C 股权计算器"微信小程序来计算股权分配方式作为参考，如图 3-17 所示。

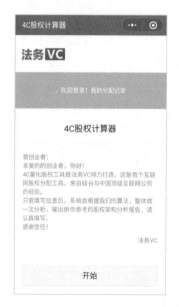
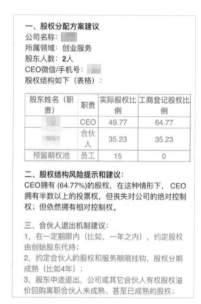

图 3-17　"4C 股权计算器"微信小程序

3.2.4　动态股权分配机制

动态股权分配是初创企业常用的一种股权分配机制，其基本原则就是"论功行赏"，即根据合伙人的贡献，按比例获取相应股权。这一整套机制其实是调整股权分配的时间点，它不是在创业一开始就进行股权分配，而是将其推迟到企业到达顶峰的时候再进行分配。动态股权分配设计的目的是企业的股权结构更加健康和可持续地发展，其适用对象如图 3-18 所示。

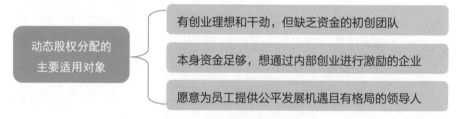

图 3-18　动态股权分配的适用对象

动态股权分配是相对于静态(固定)股权分配机制产生的，可以分为如图 3-19 所示的两种类型。

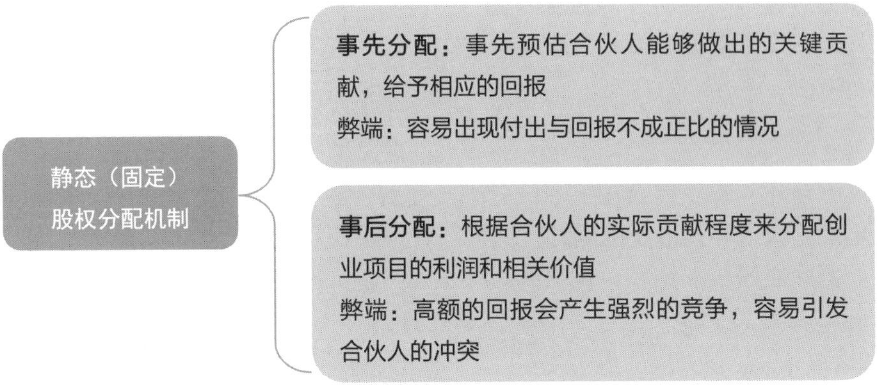

图 3-19　静态(固定)股权分配机制

可以看到，在传统的静态股权分配机制中，不管采用哪种分配方式，都存在一定的弊端，都有可能阻碍创业团队和谐发展，甚至导致不欢而散的结局。因此，在这种情况下，应该建立新的动态股权分配机制。

动态股权分配机制最核心的要素就是贡献点和贡献值，通过约定一个计算标准，量化记录合伙人的贡献点，得到相应的贡献值。在创业过程中，应通过持续记录合伙人的贡献值，并根据该数值分配相应比例的股权，直到项目的完成。表 3-1 所示为部分贡献点和贡献值的计算标准。

表 3-1　部分贡献点和贡献值的计算标准

合伙人的贡献点	贡献值计算标准
合伙人投入的资金	具体金额
全职工作的合伙人，在创业早期每个月只领取一小部分工资	应得的工资－实际领取的工资
合伙人投入的创业场地	场地的租金
合伙人投入全新的设备	购买设备的价格
合伙人运用了自己的大量人脉关系	这些人脉为企业创造的实际价值
合伙人提供了商标权	(1)普通商标：注册成本 (2)知名商标：协商评估
合伙人提供了著作权	著作权版税
合伙人提供了技术专利	专利价值评估
合伙人提供的创意	不计算

通过定期记录这些贡献值，如每个月或者每个项目完成后来计算，合伙人做出的贡献点不同，那么得到贡献值也会发生动态变化。因此，每个人的股权比例也是"动

态”变化，而契约和计算标准是动态股权分配机制的关键所在。同时，在不同的创业或项目阶段，还需要适时权衡合伙人在各方面发挥的作用与做出的贡献，设计相应的机制来保持动态平衡，合理调整股权分配比例。

3.2.5　逐年增加兑现比例

当所有合伙人都获得合理的股权分配额度后，股权的管理工作并没有就此结束，有时会出现合伙人半途退出的问题，这样在处理股权问题时就会非常麻烦。

为此需建立股权绑定和兑现机制，即按照合伙人在企业工作的天数，逐步兑现股权，一般做法是按照 4～5 年兑现。图 3-20 所示为设置工作 4 年分期兑现股权的方法。

第1年
当年兑现：25%
整体兑现：25%
第2年
当年兑现：25%
整体兑现：50%
第3年
当年兑现：25%
整体兑现：75%
第4年
当年兑现：25%
整体兑现：100%
股份绑定，分期兑现

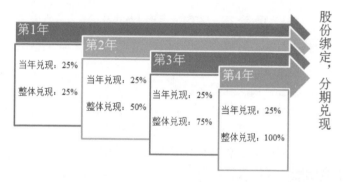

图 3-20　4 年分期兑现股权的方法

此外，股份绑定机制在企业建立后，还需要辅之以非常灵活的调整机制，企业可以将那些尚未分配的股权，根据合伙人的贡献度和价值来进行重新分配，以体现公平合理的股权分配原则，具体方法如图 3-21 所示。股份绑定机制可以有效杜绝企业中出现坐享其成的合伙人，有利于股权激励作用的发挥，值得所有公司重视。

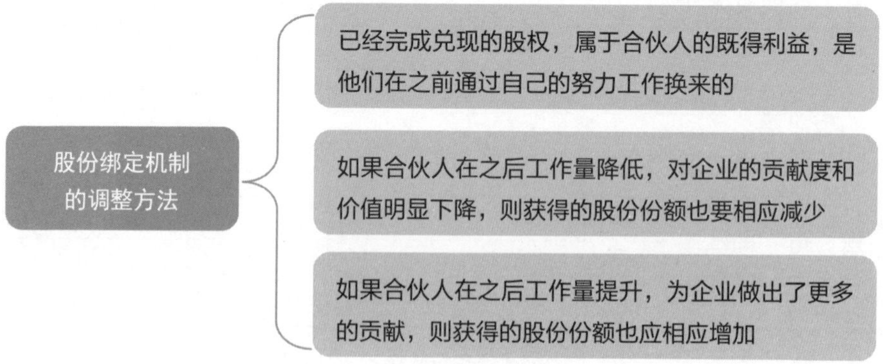

股份绑定机制的调整方法
已经完成兑现的股权，属于合伙人的既得利益，是他们在之前通过自己的努力工作换来的
如果合伙人在之后工作量降低，对企业的贡献度和价值明显下降，则获得的股份份额也要相应减少
如果合伙人在之后工作量提升，为企业做出了更多的贡献，则获得的股份份额也应相应增加

图 3-21　股份绑定机制的调整方法

3.2.6　杠铃策略维持稳定

在对企业内部创业的团队分配股权时，可以采用"杠铃策略"保持积极开放和被动保守的创业项目的平衡，使企业获得长久稳健的发展，如图 3-22 所示。

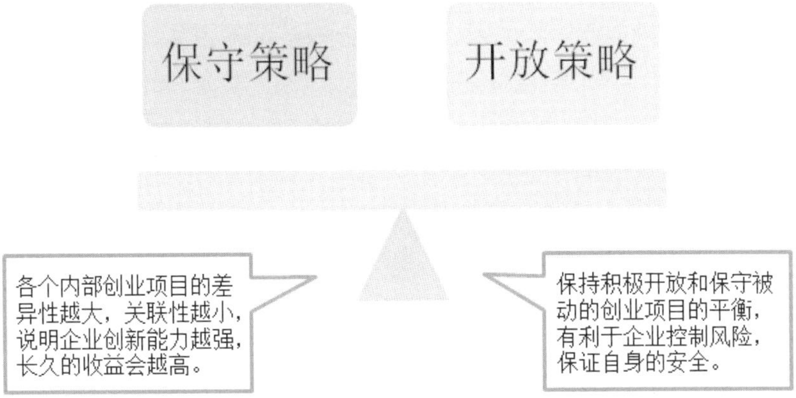

保守策略　　开放策略

各个内部创业项目的差异性越大，关联性越小，说明企业创新能力越强，长久的收益会越高。

保持积极开放和保守被动的创业项目的平衡，有利于企业控制风险，保证自身的安全。

图 3-22　采用"杠铃策略"保持企业稳健发展

与此相反，企业内部创业项目的关联性越强，则企业的创新能力和控风险能力就会越弱，就会与自己的核心业务产生竞争，导致产生不必要的内耗。

3.2.7　面对失败吸取教训

正所谓"失败是成功之母"，面对失败，创业者不能灰心丧气，要善于学会总结，将所有失败的经验教训列出来，在下一次的创业过程中要避免这些问题重新发生。下面列出了一些创业失败的原因示例。

- 没有做好成本控制，导致资金链断裂。
- 创业项目没有投资价值，没有考虑充分。
- 直接抄袭别人的商业模式，转型失败。
- 产品无市场需求，没有用户痛点。
- 没有找到合适的团队和合伙人。
- 行业竞争太过激烈，自身无明显优势。
- 股权架构设计不合理，投资者和优秀人才进不来，内部矛盾冲突不断。

当然，每一种结果，都能找到相对的缘由。因此，创业者在创业失败后，要从根源上找到原因，总结经验，在以后的创业项目中少走弯路，避免再次陷入风险。很多成功的创业家都会经历反复的失败和磨练，但是他们有容忍失败的能力，能够保持良好的心态，将事业坚持下来，才获得了最终的成功。

3.3　分配陷阱：避免影响企业的发展

股权分配是一项费时间、费精力的技术活，它不仅要求创始人拥有相应的能力和技巧，而且在短时间内，创始人也无法预测出股权分配是否合理。因此，企业的创始人需要提前预知股权分配可能存在的陷阱。

3.3.1　平均分配股权

笔者在前文多次提到，创始人承担的责任最大，也一定要保证自己获得最多的股份，集中掌握企业的决策权。千万不能平分股权，这样每次决策时都可能会产生争议，从而拖累企业的发展脚步。

1. 平均分权的主要弊端

在很多成功创业的企业中，大部分都是由大股东牵头，然后再寻找一些能够与自己优势相互补充的小股东，各司其职，打造具有强大执行力的创业团队。同时还需要注意给其他合伙人公平合理地分配股权，这样他们才能专心致志地完成属于自己的工作。

但是，在现实中，很多创始人要么不懂股权设计，要么在刚刚开始合作时为了表现出自己的义气，或者因碍于情面等原因，直接平均分配股权给所有合伙人，为创业埋下了很大的隐患，平均分权的弊端如图 3-23 所示。

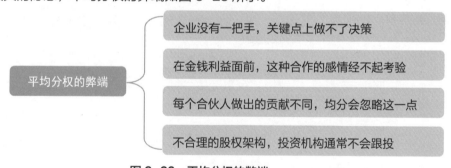

图 3-23　平均分权的弊端

2. 平均分权的调整方法

如果企业创始人在初创期已经选择了均分股权的形式，后期该如何进行调整呢？下面笔者通过一个案例来详细说明。

某大型酒店由两对夫妻共 4 个股东合伙创立，总投资为 100 万元，每人各占 25% 的股份。这 4 个股东由两对夫妻组成，两家人各占一半的股份。但是只有合伙人 D 全职管理酒店的运营，而其他 3 个合伙人没有全职参与。

随着酒店的发展，合伙人 D 认为这样分配股权对自己不利，想让其他 3 个合伙人放弃手上的股权。因此，合伙人 D 准备用 10 多年前刚开始合伙时的价格，收购另一对夫妻 20% 的股权，从而让自己的家庭拥有 70% 的股份，获得绝对的控股权。

而此时，合伙人 B 提出了反对意见，这种问题该如何处理呢？其实，酒店的经营一直是合伙人 D 在做，而合伙人 B 是因为酒店的利润和分红而出了钱，当然这种问题还是可以协商的，平均分的调整思路如图 3-24 所示。

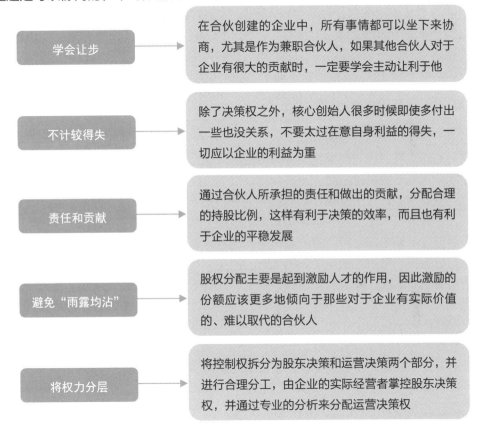

学会让步	在合伙创建的企业中，所有事情都可以坐下来协商，尤其是作为兼职合伙人，如果其他合伙人对于企业有很大的贡献时，一定要学会主动让利于他
不计较得失	除了决策权之外，核心创始人很多时候即使多付出一些也没关系，不要太过在意自身利益的得失，一切应以企业的利益为重
责任和贡献	通过合伙人所承担的责任和做出的贡献，分配合理的持股比例，这样有利于决策的效率，而且也有利于企业的平稳发展
避免"雨露均沾"	股权分配主要是起到激励人才的作用，因此激励的份额应该更多地倾向于那些对于企业有实际价值的、难以取代的合伙人
将权力分层	将控制权拆分为股东决策和运营决策两个部分，并进行合理分工，由企业的实际经营者掌控股东决策权，并通过专业的分析来分配运营决策权

图 3-24　平均分权的调整思路

专家提醒

　　尤其对于初创企业来说，控制权的分配，其重要性更大于股权。很多企业之所以产生矛盾，就是因为控制权的归属出现了问题。只有设计好控制权的决策机制，使牵头的大股东能够及时有效地作出决策，企业才能平稳发展。

3.3.2 外部股权过多

外部股权过多是一种常见的问题，尤其是在刚刚起步的企业中。因为这类企业如果没有提前做好规划，那么一开始就可能面临启动资金和人才紧缺的问题。这个时候，创业者为了获取资金和招揽人才，就可能会用企业的大量股权吸引投资人和技术人才。那么，创业者就将会面临企业控制权掌握在投资方手中，无法有效地建立起企业文化和团队凝聚力等问题。

相信 1 号店这个平台已经很少有人了解了，它是国内第一家网络超市，在十几年前也有过一段辉煌时刻。而它之所以走到无人问津的地步，正是发生了外部股权过多这种问题。当时，在 1 号店融资的时候，互联网电商恰好遇到了寒冬。为了能够生存下去，1 号店让出 80% 的股权，融资 8000 万元，而这种做法也就等于将企业的控制权交到了别人的手里。最后几经转手，1 号店被并入了京东，这个品牌也就不复存在了。

与之形成鲜明对比的正是京东，京东在当时那个时间点上，融资和发展也一样非常困难。随着电商时代的到来，二者的最后结局也显而易见了。

因此，当外部股权过多时，一般会出现以下 3 个问题。

(1) **企业定位**。投资人和创业者在企业的发展方向和决策等方面可能会出现较大的偏差。一般来说，创业者肯定希望自己的企业依然保持一个独立发展的大方向，但投资人可能会希望它作为集团的子公司来运行，这就会出现很大的分歧。

(2) **话语权**。投资人占有企业的大部分股份，理应占据最大的话语权。如果创业者是最了解企业的人，却没有话语权，那么在这种时候如何去做有利于企业发展的决策就是一个大问题了。

(3) **责任界定**。如果企业出现了经营问题时，双方的责任应该如何划分也是企业外部股权过多时比较棘手的问题。

针对这 3 个问题，笔者重点挑选了以下 3 种解决方式以供大家选择。

(1) **明确定位**。在双方合理协商的情况下，明确一种定位。比如说，由外部投资人指导企业的发展方向，而创业者作为执行者。双方明确自己的定位之后，可以有效地减少矛盾，共同为企业发展贡献力量。

(2) **三权分立**。外部投资人仅仅作为一种财务投资，不参与企业决策，将话语权给予创业者，由创业者全权负责企业的经营。当然，这种方式需要投资人同意，并且完全不干扰企业的决策。

(3) **稀释股权**。双方可以制定奖励协议，只要创业者及其团队达到要求业绩或者提升了企业价值，外部投资人可以拿出一部分股权作为奖励分给创业者及其团队，这种方式双方都能从其中获益，投资人得到了巨额的利润分红并建立了企业的品牌，而创业者则可以重新获得股份，并且拥有企业的决策权。

3.3.3 核心持股过低

在一家刚起步的企业中，最常见的是由几个合伙人共同进行股权分配。创始人作为最大股东，只能占 20%～30%的股份。当企业面临第二轮或者第三轮融资时，如果没有采取股权保护措施，那么创始人的股份可能会被逐渐稀释到一个过低的水平。

一旦出现这样的问题，整个企业的股权就会被分散，从而导致创始人需要耗费大量的时间和精力应对企业股权的争夺，影响企业的决策。并且在之后的融资、选择合作对象的时候，也需要谨慎应对，因为稍有处理不慎，就会失去对企业的控制权。

因此，保证创始人在企业发展的每一个阶段都持有一定比例的股权是极其重要的。如果企业内部已经出现了股权分散的问题，创始人也可以通过以下措施来解决问题，如图 3-25 所示。

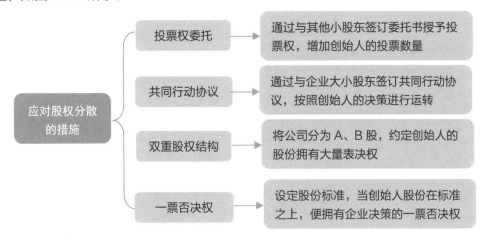

图 3-25 应对股权分散的措施

3.3.4 分配方式错误

错误的分配方式主要有两种。一种是过早地分配，在企业发展早期，为了留住员工而大量分配股权。因为早期无法衡量员工的贡献和价值，过早分配就会导致对员工的约束能力不足，滋养懒惰的情绪。进而导致后来的技术骨干人才心理不平衡，而无法继续招揽更多人才。

另一种错误的分配方式则是一次分配，这种分配方式会导致后续没有预留股权池而不能吸引和引进人才，使企业在争夺人才的过程中处于劣势地位，这对企业长远发展来说是致命的。

针对错误的分配方式，创始人可以通过股权分期的方式来加以改进。股权分期即约定一个期限，可以是 3～5 年，股东在这个期限内，只有完成业绩要求、体现附加工作价值才能获得股权。这样做一来可以充分调动员工的工作积极性，使他们不会因为已经得到股权而懈怠；二来也预留了股权池的空间，在之后的人才引进过程中不至于太过吃亏。

3.3.5 流于纸面的制度

企业的股权分配不能只体现在文件和制度上，应该落到实处，建立企业文化。如果不能做到，那么企业就只是几个合伙人和股东的利益结合体，无法真正成为彼此的依靠，成为事业和命运的结合体。

在当下这个时代，物质利益十分重要，但是边际效应是一定会递减的。越是高层次的技术骨干人才，追求的越不仅仅只是物质的满足。如果不能培养他们对事业的热爱和对企业文化的认同，那么只要其他企业开出高薪，这些人才便会立马被挖走。

因此，将股权分配落实到企业的人才身上，建立企业文化才能让他们切实感受到企业的魅力和温暖，心甘情愿地为之付出热情和精力。

专家提醒

　　边际效应通俗来说，是当我们憧憬某一事物时，投入的感情越多，我们第一次接触它们的感受越强烈。但是，随着次数逐渐增多，这种感受就会逐渐淡漠，最后趋于乏味。在这里是指当获得的报酬逐渐增多时，报酬对企业员工的价值就会逐渐降低。

股权分配更多的是创始人对企业内部关系的一种平衡，首先是创始人与创业团队关系的平衡，其次是短期能力和长期潜力的平衡，最后是能力与资源的平衡。只有将这三种关系平衡好，股权分配就会成为创始人招揽人才、吸收资源的利器。

第 4 章

管理：掌控股权主导

在现代化企业中，管理已经成为每个企业所有者和经理人的必修课。因为行业性质和企业文化不同，所以也很难去借鉴别人的成功管理经验。那么，企业应该怎样建立符合自己文化的管理体系呢？

本章将从人本管理、绩效管理和股权管理 3 个层面入手，帮助大家掌控股权主导，构建一个完善的管理体系。

4.1 人本管理：形成独特的企业文化

在企业如今的生产方式和管理制度下，员工无疑是最重要的资源。人本管理就是根据员工的能力、兴趣、特长合理安排工作，充分发挥员工的价值，促进员工的成长，同时，利用科学的管理方法，全面制订资源计划，建立企业文化。股权就是连接企业与员工之间的桥梁，也是实现人本管理必不可少的工具。

本节将从 5 个方面入手，打造以人为本的管理体系，让企业真正地以员工为核心，形成独特的企业文化。

4.1.1 建立以人为本的管理机制

一般来说，企业管理有 4 种方式，分别为命令式管理、授权式管理、协商式管理和参与式管理，如图 4-1 所示。命令式管理和授权式管理是属于比较传统的集权管理模式，由领导者下达命令或者下放权限，员工负责完成任务即可。而协商式管理与参与式管理则属于以人为本管理的范畴，员工能真正参与到企业的决策中去，自然会有更高的积极性和创造力。

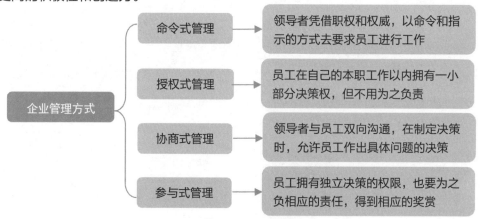

图 4-1 企业管理方式

人本管理与传统的管理最大的区别在于员工是否自主参与企业决策以及参与的程度。因此，我们可以营造一种开放的管理环境并构建完善的管理机制，从而有效地进行人本管理。当员工能够参与到公司的决策并且得到相应的股份奖励时，他们的工作积极性和潜在创造力都能会被激发，处于高速运转的最佳状态。

那么，如何打造一套完善的管理机制呢？这个问题在不同的企业会有不同的答案，因为各个企业的侧重点不同，娱乐圈有娱乐圈的文化，科技圈有科技圈的规则。

通常来说，我们可以通过以下机制来打造一套完善的人本管理机制，如图 4-2 所示。

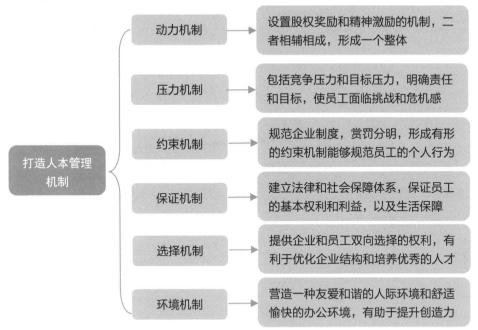

图 4-2　打造人本管理机制

4.1.2　建立健全人性化的规章制度

章程和制度对于企业来说非常重要，尤其是初创企业。创业者在初创期过于注重考虑资金、人员和项目方案，忽略规章制度的建立健全，就会产生企业初期员工散漫、利益分配不合理、赏罚制度不明确等问题，不利于企业的长远发展。

尤其是对于在合伙创业的企业中，规章制度同样非常重要，特别是与其他合伙人股东的行为有关的规章制度。图 4-3 所示为合伙创业的规章制度。

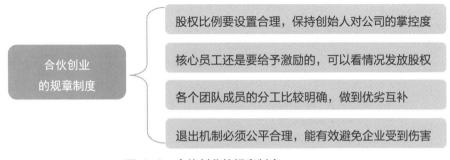

图 4-3　合伙创业的规章制度

选择创业，不仅要面对市场的风云变幻，还要提防各个合伙人股东争权。因此，企业需要建立一套人性化的合伙人管理办法。一来可以恩威并施，做到赏罚分明，彻底杜绝其他合伙人股东争权的想法；二来可以提升团队的凝聚力，保证企业的平稳发展。图 4-4 所示为人性化的合伙人管理办法。

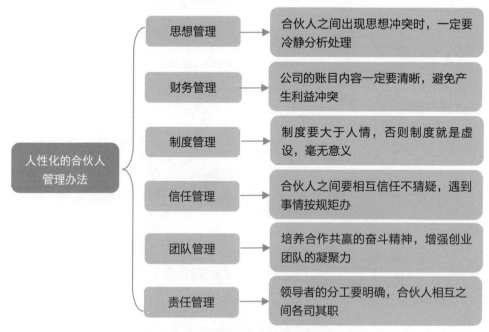

图 4-4　人性化的合伙人管理办法

4.1.3　增加普通员工的自主权

企业有自己的发展目标，员工也有自己的个人目标，只有二者的目标完全契合，企业才能高效地运转。因此，给予员工一定的自主权，包括参与企业的决策权、独立完成项目自主权等来提升员工的认同感，不断引导员工的价值观念向企业文化靠拢。在尽量满足员工个人目标的前提下，实现企业的发展目标。图 4-5 所示为企业员工管理框架。

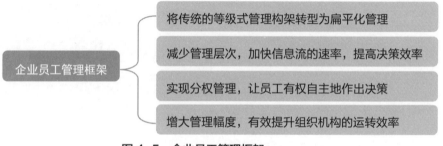

图 4-5　企业员工管理框架

4.1.4　打造公平与信任的基础

公平与信任是企业文化的基础，企业缺乏公平与信任的基础对企业的伤害是致命的。不管是股东之间、领导层之间、员工之间，还是上级与下级之间，都需要相互信任。建立公平合理的奖惩制度，有助于企业内部凝聚力的形成，从而增强外部竞争力，实现企业组织持续发展壮大。具体来说，企业可以通过以下几种方法打造公平与信任的基础。

(1) **规范企业制度**。制度需要经过精心设计，一旦确定下来，企业自上而下的所有人员都需要严格遵守，一视同仁。当企业具备这样一套公平的企业制度之后，才拥有被员工信任的基础条件。

(2) **领导的带头作用**。在企业中，员工最早接触和最常接触的就是他的直属领导。而领导的作风往往能反映出整个企业的文化，因此领导需要规范自己的言行，并且拥有专业的知识和能力，以免企业被人打上"关系型"企业的标签。而且，领导也要敢于承担责任，不能一味地将所有责任推脱给下属员工。

(3) **透明的晋升机制**。相比于薪资，员工更在意的是以后的发展空间和晋升途径。企业需要构建一种透明的晋升机制，让每个员工能够得到公平晋升的机会，这能极大地增强员工的信任感。

(4) **言必行，行必果**。很多企业都会承诺用一些福利来调动员工的积极性和创造力，包括股权、期权、现金、职务等奖励。这些承诺是很有必要的，更重要的是企业应该努力兑现这些承诺，如果企业的承诺都能一一兑现，可以极大地提升员工的信任感。

4.1.5　建设以人为本的企业文化

越来越多的企业认识到人才是生产力中最活跃、最积极的因素，因此建设以人为本的企业文化已经成为时代潮流。企业文化是企业的思想、价值观、行为规范等的表现形式，它需要进行长期的建设，把股东、领导层和员工的价值概念统一起来，形成一种文化现象。

企业文化是企业发展的源动力，也是维持企业生存的灵魂。通过建立优良的企业文化，可以激发员工的创造力、凝聚企业的向心力、加强领导的责任感、实现全体的成就感。但是，在企业文化的建设过程中，还存在以下 3 点误区。

(1) **注重形式**。企业文化是凝聚企业全体人员精神和价值的体系，需要长时间的努力，才能形成一种相对完整的企业文化。如果只是在表面上进行宣扬和歌颂，而忽视其内涵，那么是无法推动企业长久发展的。

(2) **脱离实践**。企业文化是通过建立文化来达到管理企业的目的，所以最终还是要落实到企业的日常经营和管理中去。如果脱离了实践，企业文化就是无根之木，不仅无法对员工起到正向作用，反而会为日后的发展埋下隐患。

（3）忽视创新。不同的企业，不同的时期，企业文化可能会具有不同的表现形式。企业文化不是一成不变的，它也需要随着时代的变化而进行更新和完善，最重要的是要保证企业文化的独特性。

建设企业文化应遵循以下原则，如图4-6所示。

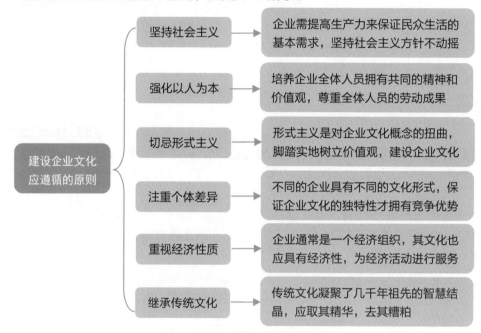

图4-6　建设企业文化应遵循的原则

图4-7所示为华润集团的企业文化宣传图。从图中可以看出，华润集团的企业文化在保证自身独特性的同时，也充分遵循了以上的原则。

图4-7　华润集团企业文化宣传图

企业文化不是一朝一夕就能建设起来的，它需要经过长时间地探索和磨合才能建立最适合企业自身的文化。建设企业文化通常需经历以下 5 个阶段，如图 4-8 所示。

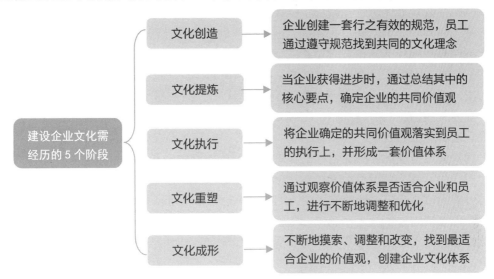

图 4-8　建设企业文化需经历的 5 个阶段

4.2　绩效管理：激发员工的积极性

绩效管理是指企业通过制订绩效计划、评价绩效考核、确立绩效目标来实现企业共同的目标，其目的在于持续激发员工、管理层的工作积极性和潜在的创造力。绩效管理也是国内常见的企业管理方式，我们可以通过了解这种管理方式，打造绩效管理的体系，实现企业长远发展的目标。

4.2.1　掌握绩效管理的知识点

绩效管理需要企业和个人达成一致的目标，并且为之努力奋斗，推动企业与员工共同成长，形成共赢的局面。绩效管理可以分为以下两类，如图 4-9 所示。

图 4-9　绩效管理的分类

绩效管理可以影响到企业的各个角落，也是企业发展到一定阶段必须去学习应用的一套管理系统，其主要作用体现在以下 3 个方面。

(1) **绩效管理促进企业和员工绩效的提升。** 绩效管理通过连接企业目标和个人目标，使二者向同一个方向进行冲刺，最大限度地发挥企业和员工的能力。通过不断地制定和超越新的目标，企业和员工的绩效都会得到全面提升。这也是区分企业员工优劣的一种方式，保证优秀员工能够脱颖而出，同时淘汰不适合的员工。

(2) **绩效管理促进管理流程和业务流程优化。** 绩效管理也是企业管理的一种方式，需要关注管理的流程问题。在绩效管理的过程中，不管是管理层还是员工，都需要提高业务流程的效率，优化管理流程的细节，保障企业和员工的共同利益。

(3) **绩效管理保证战略目标的实现。** 企业一般在创业初期就有自己的战略规划，企业应在此基础上制定每年的经营指标，并随着企业发展和市场动态随时调整。然后层层分解到每个岗位，形成员工个人的业绩指标，以保证实现最终的战略目标。

绩效管理的整个运行机制也要围绕以人为本来进行。首先，对企业和员工设定合理的目标，为了使员工走在正确的轨道上，也需要建立一套公正的奖励和约束机制，提升员工个人的绩效，从而促进企业业务的增长。然后，定期进行绩效评估，给予应有的奖励和惩罚，惩罚要以约束员工行为为目的，不能动用体力惩罚和金钱惩罚。

另外，评估工作一定要公平和公正，最好由员工信任的领导组织实施。如果绩效评估的系统不完善，无法对员工的绩效进行准确的衡量，就会导致激励对象错位，整个绩效管理运行机制也会崩溃。

在实施绩效管理的过程中，应遵循以下几项原则，如图 4-10 所示。

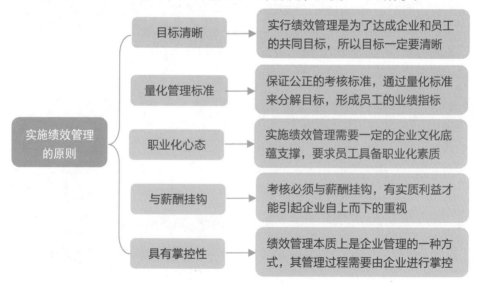

图 4-10　实施绩效管理的原则

4.2.2　分析绩效管理的四种模式

绩效管理在不同的行业和不同的企业会有不同的表现形式，但是可以根据其表现形式的本质分为德能勤绩式、检查评比式、共同参与式和自我管理式4种模式。接下来，笔者将对这4种模式进行具体分析。

1. 德能勤绩式

德能勤绩式绩效管理是指考核的指标分别为品德、能力、勤劳和业绩4项，但这种方式对业绩的考核相比其他3项要少，也就是说这种管理方式更偏重考核员工的品德、能力和勤劳。但是，这3项指标并没有衡量标准，所以这类考核没有明确定义，也缺乏有效的评价。因此，德能勤绩式具备以下特点。

- 绩效管理的重点通常放在绩效考核上。
- 没有部门考核概念，没有明确区分部门负责人考核和部门考核。
- 考核的内容源于企业章程、部门制度和岗位职责。
- 绩效考核指标不精细，缺乏关键指标，大多数考核指标适用整个企业。
- 绩效管理的战略目标不能依靠绩效考核实现。

对于初创企业来说，由于制度不完善、管理粗放，在这种情况下的德能勤绩式绩效管理能发挥一定的作用。它可以增强员工的责任意识、提高基础管理水平、督促员工完成岗位工作，但这种管理方式对于促进企业和个人的提升作用十分有限。德能勤绩式绩效管理在管理过程中存在很强的随意性，随着企业的发展，管理水平不断提升，企业需要更精细和更科学化的管理，德能勤绩式的绩效管理也就不能满足企业的实际需要了。

2. 检查评比式

检查评比式的绩效管理方式是较为常见的，一般企业的基础管理水平已经达到一个相对较高的水准。企业的管理方式得到领导重视，绩效管理也迈入了一个新的阶段。检查评比式有以下几个典型特征。

- 工作要求及标准极为详尽，考核项目众多，单个指标所占的比重较小。
- 评价标准多为扣分项，少有加分项。
- 由于考核的项目较多，选择考核信息方式和抽查考核信息。
- 更注重检查和评比，不能体现对业绩方面的考核。

检查评比式的绩效管理方式能够提高企业员工的工作效率，促使员工遵守企业制定的工作标准和规章制度。但是，这种检查评比会带给员工极大的压力，遏制员工的创造力。采用这种方式考核，很难明确对企业贡献最大的员工，也无法发挥激励员工的作用。久而久之，员工会对这种工作方式缺乏成就感，导致工作效率持续下降，无法发挥绩效管理的价值导向作用。

3. 共同参与式

共同参与式的绩效管理方式崇尚的是团队精神，往往会被国有企业和事业单位采用，它也有以下 3 个显著特征。

- 绩效考核指标宽泛，没有硬性指标定量，依赖考核者的量度。
- 崇尚自我评价，无论是领导层还是员工，自我评价在考核中占有很大比重。
- 考核结果和薪酬没有紧密联系，能够得到广泛开展。

共同参与式的绩效管理方式能够培养企业的团队精神，维持上下级稳定的工作关系。同时也能让员工更好地融入团队，在团队中约束个人行为，由团队互相督促完成工作任务。但是，如果没有好好利用这种管理方式，可能造成以下不良影响。

- 由于没有硬性指标，考核人员可能会给出人情分和印象分，缺乏公信力。
- 自我评价占比过重，在利益面前可能并不公正。
- 与薪酬联系不紧密，激励作用有限。
- 团队协作可能会遏制员工的创造力，留下的是合群员工，失去的是创新人才。

4. 自我管理式

自我管理式的绩效管理理念是对人性的假设坚持"Y 理论"，通过员工自己制定激励性的目标，并为目标的达成负责。上级赋予下级足够大的权力，在工作的过程中很少进行考核，以最终结果为重。这种考核方式不仅与员工的薪酬福利挂钩，还与员工的升迁调动息息相关。

自我管理式的绩效管理给予员工充分的自主权并且为此完全负责，可以充分调动员工的工作积极性，努力实现由自己制定的目标，从而促进企业效益的提升。

专家提醒

　　Y 理论是美国科学家在 1957 年提出的，它的具体内涵是认为人的本性是喜爱工作的，要求工作是人的本性。在一般情况下，人们能主动承担责任，是受内在兴趣自我驱动的，热衷于发挥自己的才能和创造性，大多数人都具有解决组织问题的能力。

　　因此，在管理中，为了促使人们努力工作，应考虑工作对于员工的意义，鼓励员工参与目标的制定；以"启发和诱导"来代替"命令和服从"，用信任代替控制和监督；重视员工的各种需要和内在激励，尽可能在实现组织目标过程中予以最大满足。

当然，自我管理式如果不能妥善使用，也会造成以下几种后果。

- 缺乏监督，会导致自制力较差的员工无法约束自己，不能及时实现目标。
- 缺乏控制，不能及时发现工作中可能存在的隐患，造成无法弥补的损失。

- 缺乏辅导，上下级领导对工作进展信息不对等，无法进行有效沟通。
- 缺乏集体意识，以个人目标为主，无法从全局看问题，很难保持目标一致。

不同的企业因其行业性质和企业文化不同所以采用了不同的绩效管理模式，但需要牢记实行绩效管理的目的是为了连接企业和员工的目标，使之达到一致，实现员工个人和企业共同发展的目标。

4.2.3　掌控绩效管理的实施流程

绩效管理作为企业的管理方式，需要将管理流程精细化，使之完全适用于企业，并且实现企业的长远发展目标。虽然，不同的企业管理流程大不相同，但总体上绩效管理流程可以分为 5 个步骤，如图 4-11 所示。

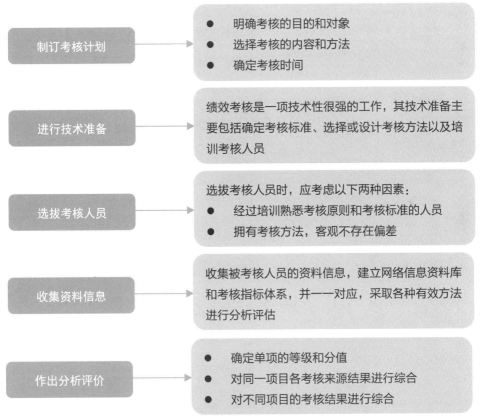

图 4-11　绩效管理流程

从绩效管理的流程来看，其核心在于绩效沟通和绩效考核两个部分，这两个部分关系到整个绩效管理流程的实施以及管理体系的打造。为了规范绩效管理的流程，帮助广大管理人员打造完善的企业绩效管理体系，接下来，笔者将针对这两部分内容进行具体分析。

1. 绩效沟通

绩效沟通是指组织者、考核者与被考核者针对绩效管理进行的相互沟通，旨在了解关于绩效管理的看法、实施过程中遇到的问题以及实施之后的反馈。因此，我们可以将绩效沟通分为绩效计划沟通、绩效实施沟通和绩效结果沟通 3 个过程，如图 4-12 所示。

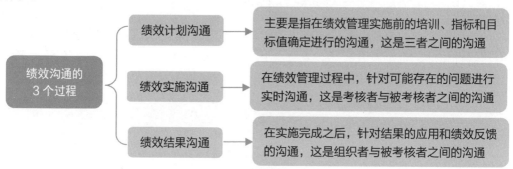

图 4-12　绩效沟通的 3 个过程

绩效沟通关系到绩效管理能否在企业中有效地实施，所以需要格外关注绩效沟通走形式的问题。如果无法得到及时和有效的反馈，也就无法真正建立有效的绩效管理体系。为了防止绩效沟通走形式，可以采取以下措施加以改进。

- 完善绩效管理体系，保证绩效结果的公正合理。
- 人力部门制定绩效面谈与反馈制度，并培养非人力部门的部门主管。
- 人力部门对各部门的绩效反馈与实施过程加以监督与辅导。
- 人力部门需审核并反馈各部门的沟通结果，建立高效的绩效考核测评系统。

2. 绩效考核

绩效考核涉及企业的方方面面，是企业不可或缺的评价体系。不管是对企业管理人员，还是对员工都有激励的效果。其核心是充分发挥企业员工的能力和潜力，提高企业的获利能力和促进企业快速发展。绩效考核的考评方式根据考评时间分类，可以分为日常考评和定期考评，如图 4-13 所示。

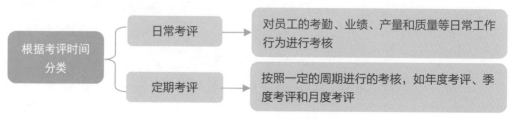

图 4-13　考评方式根据考评时间的分类

考评方式根据考评主体分类，可以分为主管考评、自我考评、同事考评、下属考评和客户考评，如图4-14所示。

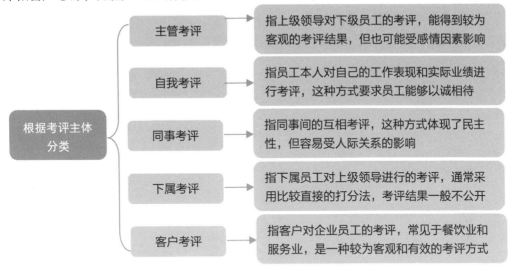

图4-14 考评方式根据考评主体的分类

考评方式根据考评结果分类，可以分为定性考评和定量考评，如图4-15所示。

图4-15 考评方式根据考评结果的分类

企业的绩效考核不仅要建立员工考核体系，也要建立领导的考核体系，并在绩效考核的过程中进行实时监控，如图4-16所示。

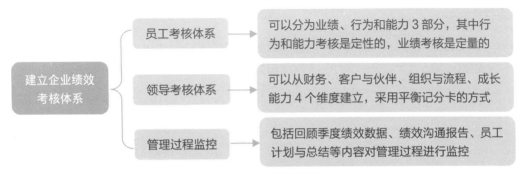

图4-16 建立企业绩效考核体系

3. 注意事项

绩效管理的体系不是一朝一夕就能建立起来的，万不能急于求成，没有打好基础的绩效管理体系可能会引起员工的不满，导致员工之间的猜忌与怀疑，整个体系也会瞬间崩塌。图4-17所示为实施绩效管理需要注意的事项。

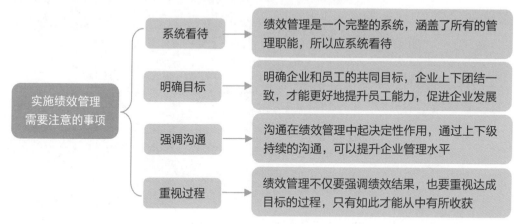

图4-17　实施绩效管理需要注意的事项

4.3　股权管理：保护创业者的生命线

在波谲云诡的商场中，往往暗藏硝烟，充满争权夺利的行为。而股权既是创业者的生命线，也是创业者的护身符，只要充分利用股权，做好股权管理，就能保证创业者在商场的争斗中立于不败之地。

4.3.1　核心创始人的股权控制

随着企业后续一系列的股权分配措施，作为企业核心创始人的股权也会逐渐被稀释。因此，控制企业股权的意义就格外重大了，没有哪个创始人想看到自己辛苦创建的企业最终为别人做了嫁衣。

为了避免新的资本注入控制企业和其他股东争权夺利的风险，核心创始人可以从控制股权比例、设计股权架构、设置虚拟股权、委托投票权利、创始人一票否决权和有限合伙持股6种方式将股权牢牢掌控在自己手中。

1. 控制股权比例

想要得到企业的控制权，还是应该从本质入手，最直接的方式就是控制股权比例。股权比例有9个数值极其关键，每个数值都代表一条生命线，具有特殊的意义。将这9条生命线牢牢掌控，就能保证对企业的绝对控制权，最大限度地发挥股权的作用。图 4-18 所示为股权比例的 9 条生命线。

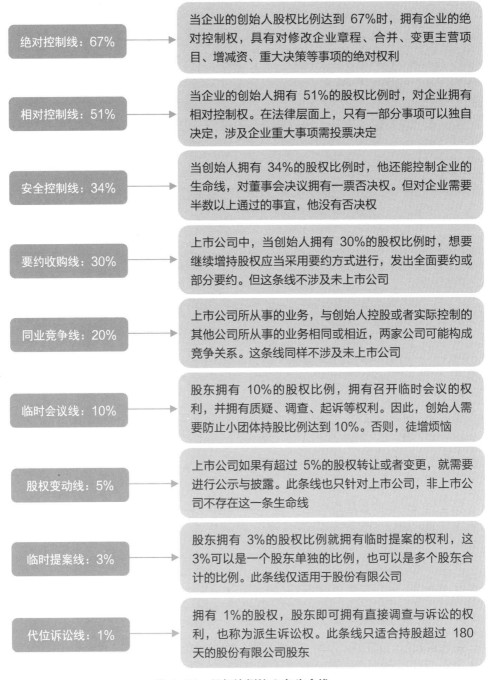

绝对控制线：67%	当企业的创始人股权比例达到 67%时，拥有企业的绝对控制权，具有对修改企业章程、合并、变更主营项目、增减资、重大决策等事项的绝对权利
相对控制线：51%	当企业的创始人拥有 51%的股权比例时，对企业拥有相对控制权。在法律层面上，只有一部分事项可以独自决定，涉及企业重大事项需投票决定
安全控制线：34%	当创始人拥有 34%的股权比例时，他还能控制企业的生命线，对董事会决议拥有一票否决权。但对企业需要半数以上通过的事宜，他没有否决权
要约收购线：30%	上市公司中，当创始人拥有 30%的股权比例时，想要继续增持股权应当采用要约方式进行，发出全面要约或部分要约。但这条线不涉及未上市公司
同业竞争线：20%	上市公司所从事的业务，与创始人控股或者实际控制的其他公司所从事的业务相同或相近，两家公司可能构成竞争关系。这条线同样不涉及未上市公司
临时会议线：10%	股东拥有 10%的股权比例，拥有召开临时会议的权利，并拥有质疑、调查、起诉等权利。因此，创始人需要防止小团体持股比例达到 10%。否则，徒增烦恼
股权变动线：5%	上市公司如果有超过 5%的股权转让或者变更，就需要进行公示与披露。此条线也只针对上市公司，非上市公司不存在这一条生命线
临时提案线：3%	股东拥有 3%的股权比例就拥有临时提案的权利，这3%可以是一个股东单独的比例，也可以是多个股东合计的比例。此条线仅适用于股份有限公司
代位诉讼线：1%	拥有 1%的股权，股东即可拥有直接调查与诉讼的权利，也称为派生诉讼权。此条线只适合持股超过 180天的股份有限公司股东

图 4-18　股权比例的 9 条生命线

2. 设计股权架构

完善的股权架构设计，不仅能保证企业的稳定发展，也能让企业拥有更多的操作空间吸引资金和招揽人才，同时保障创始人的控制权。

AB 股权架构是现在许多知名企业，包括京东、谷歌都在使用的一种架构方式。这种架构是将股权分为 A、B 两种，其中对外部投资者发行的 A 种普通股每股拥有 1 票的投票权，而管理层股东持有的 B 种普通股每股拥有 N 票(通常为 10 票)的投票权。

AB 股权架构设计方式，可以在外部资金注入时保证即使创始人的股权被稀释，依靠每股拥有的投票权，依然可以通过表决权来达到控制企业的目的。当然，AB 股权架构也有其缺陷，如图 4-19 所示。

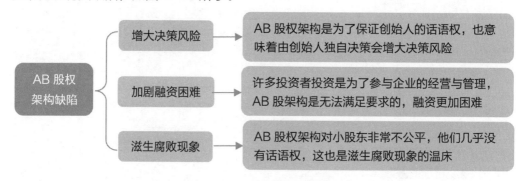

图 4-19　AB 股权架构缺陷

3. 设置虚拟股权

虚拟股权一般是对员工或者人才的激励，它不是实际股权，也不用进行实际的股权变更和工商登记。虚拟股权只是一定比例的股权份额的公司利润收益分红权，根据股权比例进行分红。它既不改变企业的股权架构，也不影响创始人的控制地位。

企业员工在享受分红权的同时，还能获得股份升值收益，但是没有所有权、表决权，也不能转让和出售虚拟股权。当持有虚拟股权的持有者离开企业之后，虚拟股权会自动失效。所以，虚拟股权的本质其实是满足员工最核心的追求，共同分享企业发展的利益。

但是，虚拟股权并不享有股东权利，也无法参与企业决策，对公司的归属感和主人翁意识来得不如实际股权强烈。

4. 委托投票权利

委托投票权，是指股东通过协议约定，将自己的投票权交给另一股东来行使。创始人可以通过这种方式获得小股东的委托权来行使比自己拥有的股权更大的投票权利，从而增强自己对决策的影响力并强化对企业的控制权。投票权委托可以分为表决权委托和一致行动协议，下面我们进行具体分析。

（1）**表决权委托**。表决权委托是指通过协议把投资人或小股东的表决权归集到创始人的手上，增加创始人手上表决权的数量，从而得到企业的控制权。例如，创始人拥有 37% 的股权，对应的就是 37% 的表决权，当他得到其他小股东约 14% 的表决权委托，就能拥有 51% 的表决权，在企业的决策中基本能够获得很大的话语权。

委托表决权需要签署表决权委托协议，一些主要条款和注意事项需要创始人格外注意，如图 4-20 所示。

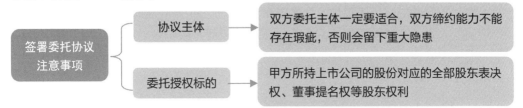

图 4-20　签署委托协议注意事项

另外，以下几点委托授权的范围也需要创始人格外注意，不能超越范围使用股东权利。

- 召集、召开和出席公司的股东大会会议。
- 代为行使股东提案权，提议选举或罢免董事、监事及其他议案。
- 代为行使表决权并签署相关文件，对股东大会的审议和表决事项代为投票。

（2）**一致行动协议**。一致行动协议是指创始人与其他小股东签署一纸协议，当企业的重大决策需要表决时，按照创始人的统一意志进行表决。

制定一致行动协议通常是创始人巩固地位的有效方式，通过与企业其他股东签署一致行动协议，在一致行动人作为股东行使股东权利(投票权、提案权)时，由创始人作出统一决议。

5. 给予一票否决权

如果说委托投票权是增强创始人控制权的进攻性策略，那么一票否决权就是创始人的防御性策略，尤其是当委托投票权无法实现时，一票否决权就尤为重要了。

创始人一票否决权是指对于公司有重大影响的事件，如投资、担保、质押、解散、清算、控制权转让、重要资产重组、重大对外并购、上市等，在符合法律规定的表决方式下，还必须得到核心创始人的同意或赞成，表决方可通过实施。

6. 有限合伙持股

在某些特殊情况下，创始人为了平衡各方利益或是受到法律持股比例限制无法担任企业的控股股东，从而没有办法对企业的经营和管理提出建议。这时就可以采用有限合伙架构的方式来间接控股。

有限合伙架构由普通合伙人和有限合伙人两部分组成。普通合伙人负责管理合伙企业事务，对外代表合伙企业；有限合伙人不参与企业的经营管理，以其出资为限承担责任。普通合伙人对合伙债务承担无限责任，同时普通合伙人之间承担连接责任。

因此，创始人可以考虑设计一个有限合伙架构，将股东放入其中，股东不直接持有企业股权，由有限合伙架构持有股权，这样股东就可以间接持有企业股权。同时，让创始人或者他名下的公司担任普通合伙人(general partner，GP)，控制整个有限合伙架构，然后通过这个有限合伙架构持有和控制公司的部分股权。

除创始人之外的其他股东，只享有经济分红权而不参与企业的日常经营管理，也就不能通过架构设计来间接控制企业，也就是是有限合伙的 LP(limited partner，有限合伙人)。

在企业经营中，创始人应该以开放的姿态接受投资者，失去一部分股权是不可避免的事情。但是，创始人也需要时刻保持警惕性，毕竟商场如战场，稍不留神就有可能将企业拱手相让于人。不管是选择合伙人，还是股权架构设计，都需要有一个清晰明确的规划，以保证自己的股权控制权。

4.3.2　股东的行为约束与监督

股东是企业发展的核心力量和中坚力量，他们的价值对于企业来说不可估量。因此，在企业中他们获得了股权奖励和一系列福利保障，这也是区分股东与普通员工的一种方式。但是，如果没有健全和有效的监督机制，股东的行为就无法得到约束，可能会发生公权私用、滥用权力的行为，损害企业的形象和利益。

在企业中，以监督为核心，建立健全股东约束机制十分关键。一般来说，现行企业会建立"三会四权"的约束机制，三会即股东会、董事会和监事会，四权即股东会的最终控制权、董事会的战略决策权、监事会的监督权和经理的经营管理权。根据法律规定，只有制定严格的企业章程，明确各组织的责任，并保障它们的有效运行，才能对股东的行为进行约束和监督。

整个监督机制的建立需要提前规划，并且选拔监督人员需要经过慎重考虑，因为监督人员是整个监督机制的基础，一旦他们出现问题，整个机制就会瞬间崩塌，也就失去了监督机制的公信力。创始人可以从以下几个方面来建立监督机制，如图 4-21所示。

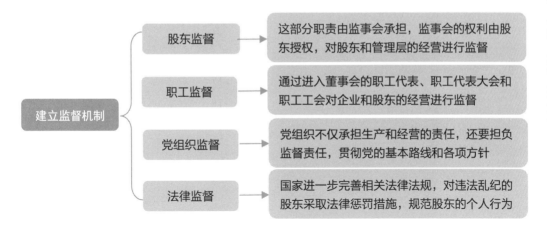

图 4-21　建立监督机制

4.3.3　做好股权异动管理

创始人在很多时候很难察觉到股权的变更，特别是小额的股权变更。为了防止企业的其他股东进行异常的股权变更，创始人可以通过控制董事会的方式对股权异动进行管理。创始人可以通过以下几种方式来控制董事会，如图 4-22 所示。

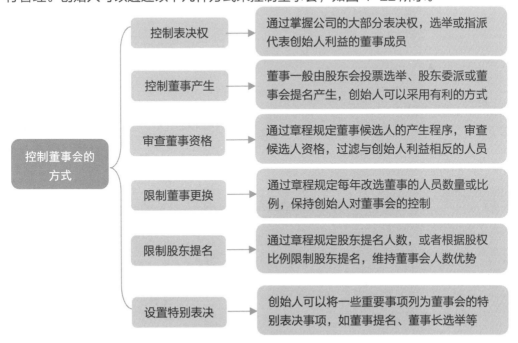

图 4-22　控制董事会的方式

第 5 章

激励：促进共同成长

随着企业管理技术的日益复杂和人力资源管理成本的日益升高，国内外许多企业都推出了不同模式的股权激励计划，其核心在于通过将企业员工转变为企业股东的方式，解决人力管理难题，促进企业与员工的共同成长。

本章将带领大家熟悉股权激励的基础认知、内容设计与风险管控，从实际出发，帮助企业实现长期发展的目标。

5.1 基础认知：形成利益共同团体

股权激励不仅可以有效地激发员工的工作积极性，帮助企业留住得力干将，还可以让企业的业绩和利润得到明显的改善。越来越多的企业正在加入股权激励的行列，推进员工持股计划，从而使企业与员工形成一个利益共同团体。

5.1.1 股权激励的基础概念

股权激励主要是企业通过设置附加要求，当员工满足要求时可以给予他们一部分股权奖励，让他们意识到自己也拥有企业，从而与企业形成利益共同体，帮助企业实现稳定发展的长期目标。股权激励是一种长期激励机制，可以激励员工尽职尽责为企业长期发展而工作，其具有以下几个特点，如图5-1所示。

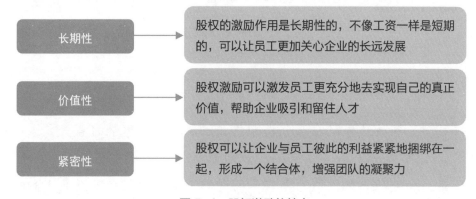

长期性	股权的激励作用是长期性的，不像工资一样是短期的，可以让员工更加关心企业的长远发展
价值性	股权激励可以激发员工更充分地去实现自己的真正价值，帮助企业吸引和留住人才
紧密性	股权可以让企业与员工彼此的利益紧紧地捆绑在一起，形成一个结合体，增强团队的凝聚力

图5-1 股权激励的特点

专家提醒

股权激励的理论基础包括委托代理理论、人力资本理论和利益相关者理论。

(1) 委托代理理论。委托代理理论是指委托人授权代理人在一定范围内以自己的名义从事相关活动、处理有关事宜而形成的委托人和代理人之间的权能与收益分享关系。委托代理理论的中心任务是研究在利益冲突和信息不对称的环境下，委托人如何设计最优契约激励代理人。

(2) 人力资本理论。人力资本理论主要是通过将企业中的员工作为资本来进行投资与管理，然后根据人力资本市场情况和投资收益率等信息的动态变化，及时调整管理策略，从而获得长期的价值回报。

(3) 利益相关者理论。企业需要一套专业化的管理制度，能够对利益相关者的利益诉求作出及时有效的回应，并不依赖于股东。

5.1.2　股权激励的基本原则

有人曾经说过："员工离职不外乎两个理由，一个是钱没给到位，一个是做得不开心了。"这句话总结得很到位，而股权激励的原因也是从这个角度出发的，用以帮助企业留住核心人才，使其为企业经营提供长期服务。

的确，股权激励是一种很有效的激励模式，在企业发展壮大过程中有不可替代的重要作用。例如，1987 年正式注册成立的华为公司，如今业务已经遍布全球 170 多个国家。它是一家完全由员工持股的民营企业，通过组成持股员工代表会实行员工持股计划。持股员工代表会是华为最高的权力机构，可以对企业的利润分配、外部增资、董事监事选举等重大事项作出决策。

专家提醒

　　华为的股权激励是通过契约方式和员工约定的一种虚拟股权，这种股权激励更加简单有效，其总规模已达 134.5 亿股。持股员工可以获得分红和股权增值等福利，但没有所有权、表决权，股权在员工离职后由工会回购。

但是，股权激励也有两面性，用得不好作用就会适得其反。因此，企业在运用股权激励的时候，一定要掌握其基本原则，如图 5-2 所示，这样才能达到长久发展的目的。

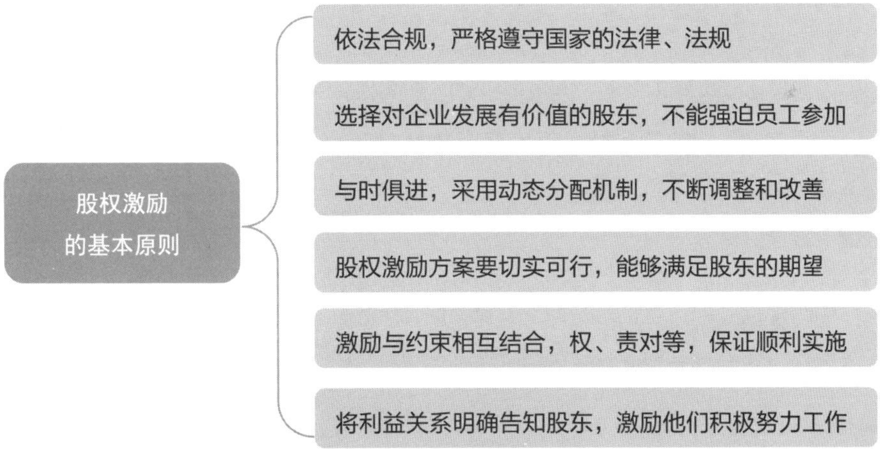

股权激励
的基本原则

- 依法合规，严格遵守国家的法律、法规
- 选择对企业发展有价值的股东，不能强迫员工参加
- 与时俱进，采用动态分配机制，不断调整和改善
- 股权激励方案要切实可行，能够满足股东的期望
- 激励与约束相互结合，权、责对等，保证顺利实施
- 将利益关系明确告知股东，激励他们积极努力工作

图 5-2　股权激励的基本原则

5.1.3　股权激励的目的和意义

对于企业而言，股权激励具有招揽资金、吸引人才和保证企业长远发展等方面的重要作用。股权激励的意义主要体现在以下几个方面，如图 5-3 所示。

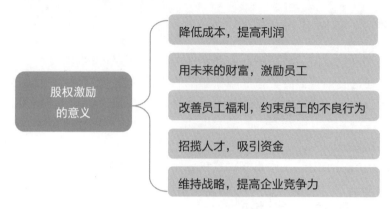

图 5-3　股权激励的意义

制定股权激励制度，对于企业的营业收入以及市值增长都会产生较大的影响，并且能够完善员工的福利制度，让员工与企业达成一致的目标，从而开创企业、股东以及员工三方共赢的局面。

5.1.4　常见的股权激励模式

股权激励有很多种不同的模式，华为的虚拟股权激励模式就是其中一种。接下来，笔者将介绍常见的股权激励模式，帮助大家判断和选择适合自己企业的模式。

1. 赠与股份

获得赠与股份的被激励者，在满足赠与协议中的相关条件后，即可获得拥有完整权益的股份。图 5-4 所示为赠与股份激励模式的相关分析。

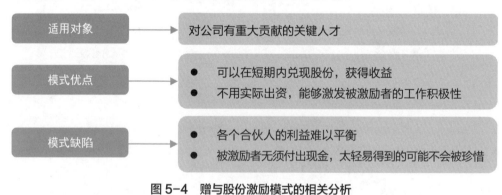

图 5-4　赠与股份激励模式的相关分析

2. 干股激励

干股激励是一种基于"分红协议"的股权激励模式，是指企业与股东通过签订一份有效的无偿赠与股份协议，股东无须出资即可获得股份，并享有分红权，相关分析如图 5-5 所示。

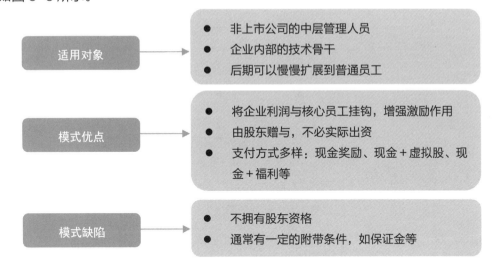

图 5-5　干股激励模式的相关分析

　　干股激励是一种相对安全(不涉及股权架构的调整)、操作简单(涉及面窄)以及见效快(分红及时)的激励模式，而且能够有效地消除员工的安全顾虑，非常适合初创企业。图 5-6 所示为干股激励协议书范本中关于"协议标的"的说明，其中明确规定了股权激励的主要内容。

> 　　根据乙方的工作表现（详见公司章程），甲方经过全体股东一致同意，决定授予乙方 X‰或 X 万元的虚拟股权，每股为人民币一元整。
>
> 　　1、乙方取得的 X‰的虚拟股权不变更甲方公司章程，不记载在甲方公司的股东名册，不做工商变更登记。乙方不得以此虚拟股权对外作为拥有甲方资产的依据。
>
> 　　2、每年度会计结算终结后，甲方按照公司法和公司章程的规定计算出上一年度公司可分配的税后净利润总额。
>
> 　　3、乙方可得分红为乙方的虚拟比例乘以可分配的净利润总额。

图 5-6　干股激励协议书范本关于"协议标的"的说明

　　3．期权激励

　　期权是一种"空对空"的股权激励模式，即企业开出空头支票，员工对未来的绩效作出对应的空头承诺，即可得到相应的股份，相关分析如图 5-7 所示。当期权到期后，员工可以行使买股票的权利，赚取期权的交易差价。

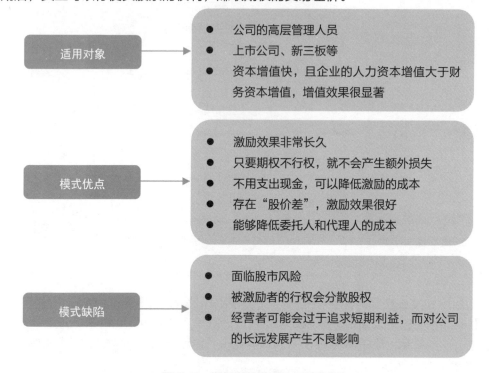

图 5-7　期权激励模式的相关分析

期权激励就是通过期权的形式激励有关人员，期权可以分为股票期权和股份期权两种类型。非上市公司的期权主要为股份期权，本质上是股票期权的一种变通方式，在一定条件下可以转换为股票期权，从而增强激励的作用。

期权激励的本质：针对需要激励且符合一定条件(工作年限、巨大贡献等)的员工，企业直接将股权转让给他们，员工则可以利用期权价格与市场交易价格之间产生的差价获得额外利益。

4. 限制性股票激励

限制性股票激励是一种"实对空"的股权激励模式，也可以称为"锁定股票激励"，即企业给予员工股权，员工作出对应的绩效承诺，相关分析如图 5-8 所示。当员工达到激励条件时，如再达到规定工作年限或者完成了激励计划所要求的业绩，即可出售这些限制性股票获得额外收益。

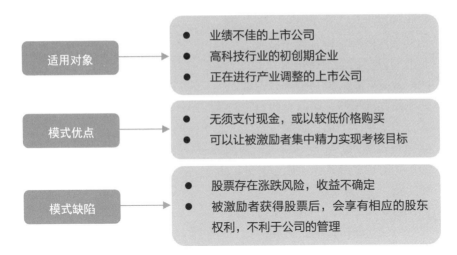

图 5-8　限制性股票激励模式的相关分析

限制性股票激励和期权激励的主要区别在于权利和义务的对称性不同、奖励和惩罚的对称性不同。限制性股票和期权的收益性，主要取决于上市公司的股价。

例如，在同一家上市公司中，员工 A 获得了 1 万股股票期权，每股执行价格为20 元；员工 B 获得了 1 万股限制性股票。10 年后，股票价格上涨至 50 元，员工 A则将获得 30 万元的税前收入，而员工 B 则通过出售股票，获得 50 万元的税前收入。但如果 10 年后，股票下跌至 5 元，员工 A 的股权将不值得执行，而员工 B 通过出售股票将获得 5 万元的税前收入。

通过比较两者的税前收入，可以非常直观地看到股价的变动会直接影响这两种激励方式的收益。另外，就同样数量的股票期权和限制性股票而言，限制性股票的激励力度要强于期权。

5. 股票增值权激励

股票增值权(stock appreciation rights，SARs)的激励方式具有收益与股价挂钩、不拥有实际股权和不能转让 3 大特征，也就是说被激励者只享有股票增值收益，并没有获得实际的股票。股票增值权持有人在行权时，可以直接通过获得股票的升值部分来取得相应的收益。

1) 适用范围

- 资金充足、发展稳定，且股权被期权和限制性股票等激励模式大量稀释的上市公司。
- 现金储备非常充足、没有将股票授予员工的封闭型非上市公司。
- 没有为企业创造实质上的利润，而只是负责市值管理的员工，包括财务总监、公司投资总监、董事会秘书、证券代表等。

2) **模式优点**

- 审核程序简单，模式易于操作。
- 企业可以自行规定有效期。
- 行权只需要对股票升值部分兑现。
- 其本质为虚拟股，可以有效避免决策纠纷的产生。
- 只要价格稳定上涨，其激励效果不亚于其他模式。
- 实施方式多元，如现金或者折合成股票/股份实施，以及通过"现金 + 股票/股份"的组合方式来实施。

3) **模式缺点**

- 公司需要面临较大的现金支付压力。
- 收益与公司股价挂钩，可能面临下跌风险。
- 被激励者没有真正意义上的股票，不能得到相应的股东权利。
- 股票增值权不能进行转让，也不能用于进行担保和偿还债务等。

6. *虚拟股权激励*

虚拟股权激励是指企业通过模拟股票的发行方式，并将股票授予企业的激励对象，被激励者可据此享受一定数量的分红和股权升值收益，但没有所有权、表决权，一般情况下不得转让和出售。虚拟股权激励模式的相关分析如图 5-9 所示。

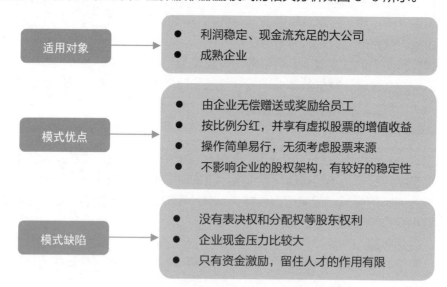

图 5-9　虚拟股权激励模式的相关分析

虚拟股权与期权在操作形式上非常类似，但也有一些不同之处，如图 5-10 所示。

虚拟股权

本质：企业内部虚构的股权

收益：只享有虚拟股权的溢价收益权

价格：不受二级市场影响，只根据企业内部财务指标、资本状况等因素来确定

本质：金融合约

收益：能够降低价格来购买股票，期权价格与市场交易价格之间产生的差价就是员工的所获利益

价格：市场交易价格

期权

图 5-10　虚拟股权和期权的主要区别

虚拟股权对于企业内部的激励作用也非常明显，因为收益是由未来的企业绩效决定的，所以被激励者通常会通过努力工作提升企业的业绩以增加自己的收益。同时，虚拟股权的价格不会受到股票市场的波动影响，而且能够有效约束员工的离职跳槽、工作懒惰等行为，是一种非常有效的激励形式。

专家提醒

　　虚拟股权对于成熟的大公司中的老员工，有很好的激励作用。虚拟股权其实就是跟大股东一起参与公司分红，其收益与公司的营业收入是息息相关的，可以有效地将员工的目标与企业目标统一，充分调动员工的工作积极性。被激励者并没有实际持股，即使公司绩效不好，导致虚拟股权价格下跌，被激励者也可以选择不行权来避免产生损失。

7. 技术入股激励

技术入股激励的主要特点是将技术折算为股份，相关分析如图 5-11 所示。

专家提醒

　　除了以上 7 种常见的股权激励模式，还有延期支付、业绩股票、分红回偿等激励模式。各个企业的股权管理都有所不同，因此产生了多样化的股权激励模式。企业在做股权激励设计时，应该根据自己的实际情况和自身需求，选择适合自己的模式。

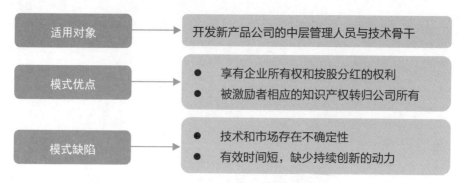

图 5-11 技术入股激励模式的相关分析

5.2 内容设计：激发群体潜在才能

股权激励是一种长期行为，因此在设计相关内容时应该充分准备，结合企业未来规划和员工价值贡献来制订一份相对完善的股权激励计划。

5.2.1 组建高效激励团队

股权激励包含了很多工作，需要由团队配合来完成。组建团队是一件辛苦的事情，因为团队是一个集体，需要有人、有物、有架构、有分工。

在设计股权激励方案时，不仅要有明确的团队目标，还要针对不同角色的团队成员做好分工，让他们能够按照既定方案来开展具体的工作，如图 5-12 所示。

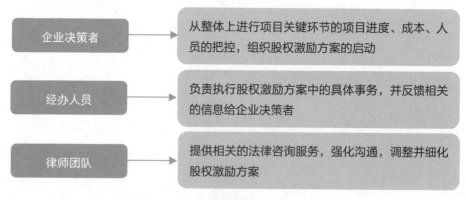

图 5-12 股权激励团队的工作职责

只有拥有一支具有强大的向心力、凝聚力、战斗力的团队，拥有一批彼此间互相鼓励、支持、学习、合作的员工，企业才能有效推动股价激励计划的顺利开展。

5.2.2　构建稳定的沟通机制

组建好合适的团队后，还需要构建相应的沟通机制，以有利于团队每一名成员知道自己在团队中所扮演的角色和所处的位置，知道处理事情的时候应该找哪一个关键角色。沟通机制是促使团队工作正常运行的重要方式，能够使企业决策者从整体上把控团队沟通的状态和效率，从而提升工作效率。

对于一个股权激励团队来说，日常的沟通效率也决定了团队的办事效率。下面介绍一些提高团队沟通效率的技巧，如图 5-13 所示。

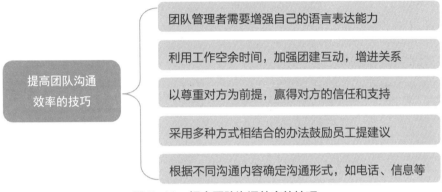

图 5-13　提高团队沟通效率的技巧

团队出现沟通欠缺和沟通效率低的问题，主要是因为缺乏完善的沟通机制，对于一些股权激励方案中的日常决策，总是很难快速执行。因此，只有建立有效的沟通机制，才能帮助团队快速提高沟通效率，具体方法如图 5-14 所示。

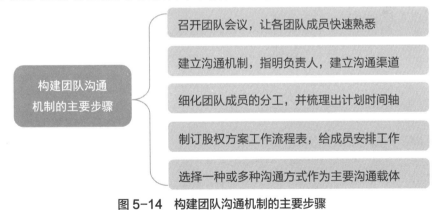

图 5-14　构建团队沟通机制的主要步骤

5.2.3　制定合理的激励目标

通过制定激励目标，可以确定企业展开股权激励的各种需求，并将其作为核心目标来安排后面的工作内容。股权激励的主要目标包括以下 4 个方面。

（1）形成利益共同体。具体分析如图 5-15 所示。

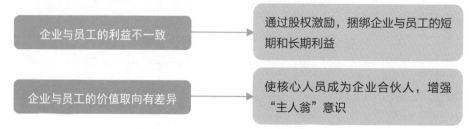

图 5-15　形成利益共同体的目标分析

（2）对员工产生业绩激励。具体分析如图 5-16 所示。

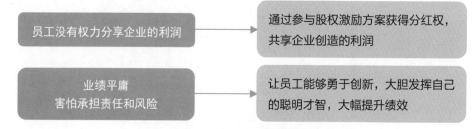

图 5-16　对员工产生业绩激励的目标分析

（3）约束员工的短视行为。具体分析如图 5-17 所示。

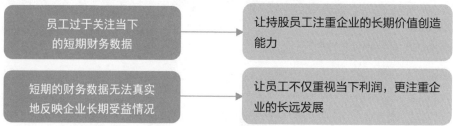

图 5-17　约束员工的短视行为的目标分析

（4）吸引和留住人才。具体分析如图 5-18 所示。

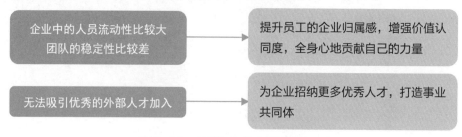

图 5-18　吸引和留住人才的目标分析

目标的制定一定要符合企业发展实际，不要好高骛远。否则，股权激励不但起不到激励员工的作用，反而会增加员工的心理压力，适得其反。

5.2.4　确认参与人员范围

确定好股权激励的主要目标后，接下来需要根据这个核心目标来寻找最为合适的激励对象。具体来说，可以通过以下 4 层筛选原则来确认参与人员范围。

1. 筛选第 1 层：依法合规

在选择股权激励对象时，首先要符合相关的法律法规，可以根据《公司法》《证券法》《上市公司股权激励管理办法》等有关的法规文件和《公司章程》的相关规定，并与公司的实际情况相结合，进行第一次筛选。

2. 筛选第 2 层：岗位价值

岗位价值是指一个岗位为企业带来的贡献和价值。单纯的岗位价值，是选择激励对象的核心因素。股权激励是一种长期性的激励机制，首先要选择那些能够对企业发展战略有大局观，能够为企业承担更多责任的人，从而帮助企业制订正确合理的战略规划，提升企业的管理水平并提高企业的核心竞争力。

3. 筛选第 3 层：历史贡献

除了参考员工的岗位价值外，还可以参考他对企业的历史贡献度，给予优先激励的权益。历史贡献度主要看员工从事的工作性质。根据性质的不同，评判其历史贡献的标准也不尽相同。

4. 筛选第 4 层：基本条件

当员工通过前面的筛选条件后，在获得公司股权之前，还可以根据以下基本条件进一步缩小范围，如图 5-19 所示。

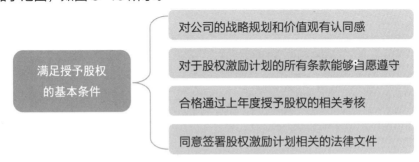

图 5-19　满足授予股权的基本条件

5.2.5 选择合适的激励模式

在 5.1.4 节中，笔者介绍了 7 种常见的股权激励模式，不同模式有着各自不同的特点和适用范围。企业在制订股权激励方案内容时，可以根据不同的激励对象，采用不同的激励模式或者多种模式相结合的方法。我们可以结合企业的发展阶段、激励目的和被激励对象等关键因素，确定具体的股权激励模式，具体步骤如下所述。

首先，向企业领导宣讲各种股权激励模式的应用范围、优点和缺陷，让他们了解不同激励模式的特点和区别；其次，根据激励目的的内在逻辑，圈定激励模式的主要范围；最后，对于不同激励模式的运营方式，进行模拟操作，并且集思广益，与企业领导形成一致的看法。

各种激励模式之间并没有绝对的优劣，需要的只是企业根据自身的内外部环境条件、所要激励的对象，并且结合不同模式的机理，选择最优的方式而已。选择股权激励模式的主要影响因素有 4 种，如图 5-20 所示。

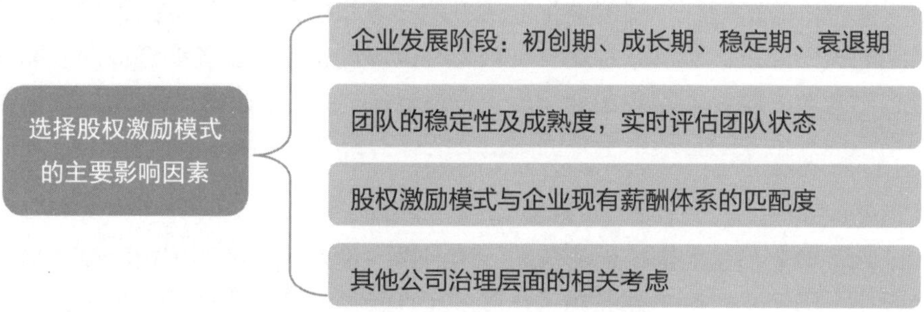

图 5-20 选择股权激励模式的主要影响因素

15 种股权激励模式各方面的对比，如表 5-1 所示。

表 5-1 15 种股权激励模式对比

激励模式	激励效果	约束力度	现金流量压力	受股价的影响
干股激励	强	中	小	弱
期权激励	强	中	中	强
限制性股票激励	强	强	弱	中
股票增值权激励	中	中	强	强
虚拟股权激励	中	弱	强	中
延期支付激励	弱	强	弱	强
业绩股票激励	强	强	中	中
员工持股计划激励	弱	强	中	强
虚拟股票期权激励	中	中	强	强

激励模式	激励效果	约束力度	现金流量压力	受股价的影响
管理层收购激励	强	强	弱	中
优先认股权激励	弱	弱	强	弱
分红回偿激励	强	强	中	弱
赠予股份激励	强	弱	弱	强
账面价值增值权激励	中	中	强	弱
技术入股激励	中	中	中	弱

5.2.6 股份来源的获得方式

在进行股权激励时，公司需要拿出一部分股权分给激励对象，那么这一部分股权是从哪里来的？很多人会回答，股权肯定是从公司里来的。如果是个人独资公司、夫妻股东合伙公司或者父子合伙公司等，这种情况下的股权来源就非常简单，直接从自己的股权中切割一部分给激励对象即可。但是，如果公司里面还有其他合伙人，此时股权来源有以下 3 种渠道。

(1) **股权转让**。合伙人转让一部分自己的股权，员工出资购买，合伙人将股权兑换为现金。

(2) **增资扩股**。增资扩股是一种同比例稀释股权的方式，例如，合伙人 A 和合伙人 B 共同创建公司，各占 50%的股份，加入的新合伙人 C 出资向公司购买 10%的部分，那么就必须从合伙人 A 和合伙人 B 的股份中各拿出 5%的股份分给新合伙人 C。

(3) **股权池**。即在公司创建之初，就预留了一部分股权建立股权池，给予新加入的合伙人。

下面介绍一个股权激励"定来源"的技巧，如图 5-21 所示。

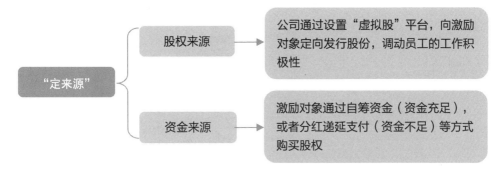

图 5-21 股权激励"定来源"的技巧

专家提醒

递延支付是相对于即时支付的一种付款方式，通常要借助投资银行，由其待收购公司发行某种形式的票据，作为对目标公司股东的支付。收购方可以利用目标公司带来的现金收入逐步偿还票据。

5.2.7　股份资金来源价格

在确定股份来源之后，公司就需要确定激励股份是否需要花钱购买，以及具体的获取价格。对于上市公司来说，股权激励机制的核心在于股权的获取价格和未来的权益价值之间的差价，这就是被激励者获得的收益，上市公司的股权收益算法如图 5-22 所示。

图 5-22　上市公司的股权收益算法

专家提醒

《上市公司股权激励管理办法》对股权激励的行权价格规定如下。

第二十三条　上市公司在授予激励对象限制性股票时，应当确定授予价格或授予价格的确定方法。

授予价格不得低于股票票面金额，且原则上不得低于下列价格较高者：

(一)股权激励计划草案公布前 1 个交易日的公司股票交易均价的 50%；

(二)股权激励计划草案公布前 20 个交易日、60 个交易日或者 120 个交易日的公司股票交易均价之一的 50%。

上市公司采用其他方法确定限制性股票授予价格的，应当在股权激励计划中对定价依据及定价方式作出说明。

第二十九条　上市公司在授予激励对象股票期权时，应当确定行权价格或者行权价格的确定方法。

行权价格不得低于股票票面金额，且原则上不得低于下列价格较高者：

(一)股权激励计划草案公布前 1 个交易日的公司股票交易均价；

(二)股权激励计划草案公布前 20 个交易日、60 个交易日或者 120 个交易日的公司股票交易均价之一。

上市公司采用其他方法确定行权价格的，应当在股权激励计划中对定价依据及定价方式作出说明。

而对于非上市公司来说，由于没有对应的股票价格作为参考，因此其股权定价更加麻烦，其参考依据主要包括注册资本金、财务报表净资产值以及市场中同类企业采用相同股权激励模式所确定的价格。确定好参考指标后，还可以对价格进行优化调整，从而更好地实现股权激励的目标。

1. 企业注册资本金

对于注册资本金和净资产基本相同的企业来说，可以以注册资本金为参考依据，确定企业股权的价格。其中，最为简单的定价方式，就是直接将每份股权的获取价格设置为 1 元。

2. 企业净资产

对于注册资本金和净资产相差较大的企业来说，可以根据公司财务报表净资产值、公司上年度审计净资产值、公司最近一期经评估净资产值等作为标准，得到一个总净资产估值，并除以总股本数量，即可得到每股净资产的价格，作为每股股权的获取价格。

另外，股权激励方案还可以根据公司实际的经营状况，在注册资本金或者每股净资产的基础上，以"公司老板愿意转让"和"公司员工能承受"为原则，设置一个合适的折算方法，以确定股权的价格，加大激励力度。

以某公司发行的虚拟股权为例，公司根据目前的企业资产情况和负债情况，核算日期截至 2021 年 12 月 31 日，净资产总额为 111 万元，将公司股份拆分为 100 万股，则每股净资产为 1.11 元，以此作为基准日股价。折算方法：以基准日股价的 90%作为股权的授予价格，即 1.11 元×0.9＝1 元/股。

3. 参考同类企业的价格

参考同类企业的价格非常适合高新企业，采用这种方法可以在市场上找一些同行业、同类型相似的上市企业，以他们的股价作为参考依据，并给予一定的折扣，计算出股权激励的获取价格。毕竟被激励员工也是公司发展的源动力，定价低一点，对员工好一点，也能早日实现大家共同致富的愿望。

5.2.8 激励额度分配依据

除了价格外，公司还需要确定拟用于股权激励计划的股份数额。股份数额不得随意确定，不仅要依法依据，而且要考虑公司的实际发展状况。当数额偏小时，起不到激励员工和引进人才的作用；当数额偏大时，不利于公司的后续发展。因此，我们可以从股权总量和股权个量两个方面确定股份额度。

1. 确定股权总量

股权总量是指股权激励计划的股权数量总和，包括没有行权的期权等。对于激励对象来说，相比于股份比例，他们更在意的是股份数量以及这些股份能换来多少真金白银。图 5-23 所示为确定股权总量的基本原则。

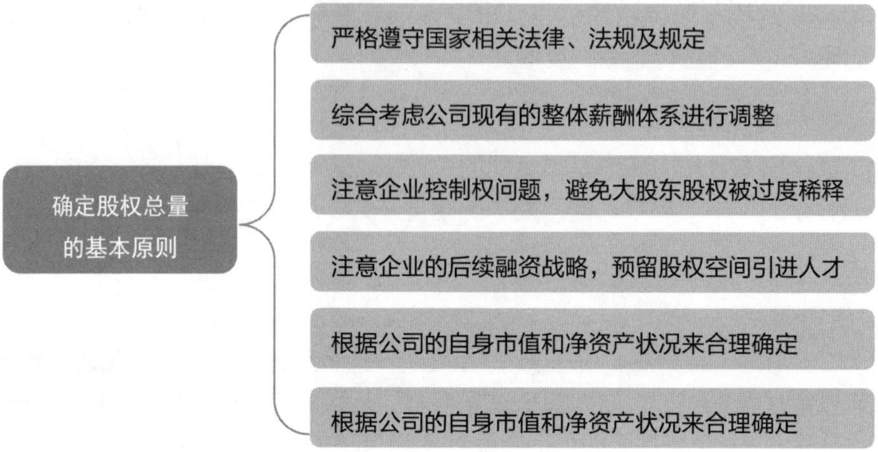

图 5-23　确定股权总量的基本原则

《上市公司股权激励管理办法》对于上市公司的股权激励股份总额度和预留权益的相关规定如下所述。

第十四条　上市公司可以同时实行多期股权激励计划。同时实行多期股权激励计划的，各期激励计划设立的公司业绩指标应当保持可比性，后期激励计划的公司业绩指标低于前期激励计划的，上市公司应当充分说明其原因与合理性。

上市公司全部在有效期内的股权激励计划所涉及的标的股票总数累计不得超过公司股本总额的 10%。非经股东大会特别决议批准，任何一名激励对象通过全部在有效期内的股权激励计划获授的本公司股票，累计不得超过公司股本总额的 1%。

本条第二款所称股本总额是指股东大会批准最近一次股权激励计划时公司已发行的股本总额。

第十五条　上市公司在推出股权激励计划时，可以设置预留权益，预留比例不得超过本次股权激励计划拟授予权益数量的 20%。

上市公司应当在股权激励计划经股东大会审议通过后 12 个月内明确预留权益的授予对象；超过 12 个月未明确激励对象的，预留权益失效。

2. 确定股权个量

股权个量是指拟用于股权激励计划的每个个体自然人的股权数量。首先，确定股权个量的第一个原则同样是依法合规，《国有科技型企业股权和分红激励暂行办法》

(财资〔2016〕4 号)中对股权激励的股本数量规定如下。

> 第十条　大型企业的股权激励总额不超过企业总股本的 5%；中型企业的股权激励总额不超过企业总股本的 10%；小、微型企业的股权激励总额不超过企业总股本的 30%，且单个激励对象获得的激励股权不得超过企业总股本的 3%。
>
> 企业不能因实施股权激励而改变国有控股地位。
>
> 第十三条　企业用于股权奖励的激励额不超过近 3 年税后利润累计形成的净资产增值额的 15%。企业实施股权奖励，必须与股权出售相结合。
>
> 股权奖励的激励对象，仅限于在本企业连续工作 3 年以上的重要技术人员。单个获得股权奖励的激励对象，必须以不低于 1∶1 的比例购买企业股权，且获得的股权奖励按激励实施时的评估价值折算，累计不超过 300 万元。

对于非上市公司，没有限制股权激励对象的授予额度，企业可以根据实际情况酌情决定。企业还可以根据员工的价值和贡献构建一种评价模式，用以分配单个激励对象的股权个量。

5.2.9　确定股权激励制度

在制订股权激励计划内容时，需要提前确定一系列的制度依据，包括参与规则、行权规则、解锁规则、绩效考核规则和违约责任等，提前确定这些规则才能让企业在操作时有法可依，具体规则内容如图 5-24 所示。

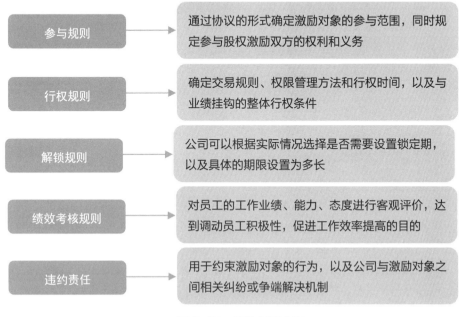

参与规则	通过协议的形式确定激励对象的参与范围，同时规定参与股权激励双方的权利和义务
行权规则	确定交易规则、权限管理方法和行权时间，以及与业绩挂钩的整体行权条件
解锁规则	公司可以根据实际情况选择是否需要设置锁定期，以及具体的期限设置为多长
绩效考核规则	对员工的工作业绩、能力、态度进行客观评价，达到调动员工积极性，促进工作效率提高的目的
违约责任	用于约束激励对象的行为，以及公司与激励对象之间相关纠纷或争端解决机制

图 5-24　具体规则内容

制定科学合理的股权激励计划规则，可以提高团队的凝聚力和战斗力，有效激发员工的工作热情，开拓企业与员工双赢的局面。图 5-25 所示为股权激励计划范本中的绩效考核规则说明。

首次授予的股票期权与限制性股票的各年度绩效考核目标如下：

行权（解锁）期	绩效考核目标
第一个行权（解锁）期	以 2015 年业绩为基数，2016 年度营业收入增长率不低于 30%
第二个行权（解锁）期	以 2015 年业绩为基数，2017 年度营业收入增长率不低于 60%
第三个行权（解锁）期	以 2015 年业绩为基数，2018 年度营业收入增长率不低于 100%

（1）若预留部分于 2016 年授出，则预留部分各年度绩效考核目标如下：

行权（解锁）期	绩效考核目标
第一个预留行权（解锁）期	以 2015 年业绩为基数，2016 年度营业收入增长率不低于 30%
第二个预留行权（解锁）期	以 2015 年业绩为基数，2017 年度营业收入增长率不低于 60%
第三个预留行权（解锁）期	以 2015 年业绩为基数，2018 年度营业收入增长率不低于 100%

（2）若预留部分于 2017 年授出，则预留部分各年度绩效考核目标如下：

行权（解锁）期	绩效考核目标
第一个预留行权（解锁）期	以 2015 年业绩为基数，2017 年度营业收入增长率不低于 60%
第二个预留行权（解锁）期	以 2015 年业绩为基数，2018 年度营业收入增长率不低于 100%

图 5-25　股权激励计划范本中的绩效考核规则说明

5.2.10　选择合适的持股介质

持股载体是指员工持有股权的介质或方式，通常包括员工直接持股、通过公司间接持股以及通过合伙企业间接持股等形式。

员工直接持股是指员工以个人名义持有公司股权，获得公司的股东权力。员工通过公司间接持股是指被激励者共同出资建立有限责任公司，通过该公司来购买股权，然后员工通过持有有限责任公司的股权，间接持有目标公司的股权。通过合伙企业间接持股是指激励对象依法成立有限合伙企业，通过增资或股权受让的方式持有目标公司股权。表 5-2 所示为 3 种持股载体的优缺点对比。

表 5-2　3 种持股载体的优缺点对比

持股载体	优　点	缺　点
员工直接持股	税负最低	对员工长期持股约束不足
	操作较为简单	大股东难以回购股权
通过公司间接持股	捆绑员工与企业的利益	税负最高
	法律法规健全，政策风险较小	股东只能同步转让股权
	股权结构可以进行灵活调整	决策力较低
通过合伙企业间接持股	股东作决策时操作更简便	合伙人只能同步转让股权
	比通过公司间接持股的税负稍低	相关法律法规仍不健全，未来面临政策规范的风险
	可以少量出资完全控制合伙企业	需要承担无限连带责任

5.2.11　确认业绩退出条件

当激励对象获得企业股权之前，股权流转、退出和分红等机制同样需要在股权激励计划中确定下来。一个好的机制可以增强股权激励计划的稳定性，同时有效避免风险。图 5-26 所示为退出机制的相关范本。

1、退出条件

持有本公司股份 12 个月以上。退出股东经办的借款本、息全部归还，无拖欠问题。

2、退出原因

公司股东遇到以下问题可申请退出：

1、公司连续两年不向股东分配利润，而公司在该两年连续盈利，并且符合《公司法》规定的利润分配条件。

2、对于公司的合并、分立、转让主要财产等重大事件持反对意见。

3、公司章程规定的营业期限届满或者公司章程规定的其他解散事项出现，股东会会议通过决议决定公司不再续存。

4、公司持续两年以上无法召开股东大会，公司的经营发生严重困难。

5、公司董事长期冲突，且无法通过董事会或者股东大会解决，公司经营管理发生严重困难。

6、公司经营管理出现其他严重困难，公司继续存续可能会使股东利益受到重大损失。

3、退出方式

1、通过一般的股权转让退出公司

股东向股东以外的人转让股权，应当经过其他股东过半数的同意。退出股东应提前三个月就其股权转让事项向公司董事会提出书面申请并通知其他股东，征求其他股东的同意。其他股东自接到该股东的书面申请之日起满三十日未答复的，视为同意转让。经股东同意转让的股权，在同等条件下，其他股东有优先购买权。两个以上股东主张行使优先购买权的，协商确定各自的购买比例；协商不成的，按照转让时各自的出资比例行使优先购买权。退出股东自提交退出申请书的当月起，不再享受公司的利润分红。

2、通过行使回购请求权，要求公司回购自己所持股份

对于退出股东来说，如果没有受让方愿意另外支付对价来接受其所持股份的转让，而其他股东又同意该股东撤回投资款项，该股东可以行使回购请求权，要求公司回购自己所持股份。公司购买该股东股权后，按照其他股东出资比例分摊到其他股东。回购该股东股权的资金分五次退还，每月一次，每次退还总额的 20%。自该股东要求公司回购自己股权之日起，不再享受公司利润分红，且不再拥有在公司相应职位的权力（如股东大会、董事会等会议无表决权，但可以旁听）。

图 5-26　退出机制的相关范本

专家提醒

　　股权激励通常是一种长期的激励行为，但在计划实施过程中激励对象可能会发生各种变化，如激励对象的职务发生变更、激励对象离职、激励对象死亡、激励对象退休等。此时企业需要制定一系列的调整机制，针对不同的问题调整股权激励计划，从而保证股权激励计划的正常运行。

5.3　智慧管控：保护股东的集体利益

　　股权激励不只是将股权过渡给合适的人才，后续还需要对股权激励中可能出现的问题和风险进行管控，保护股东的集体利益。当企业与员工形成一个利益共同体时，保护股东的集体利益，也就是在维持企业的长期发展。

5.3.1　分类管理对象

　　股权激励的主要目的是吸引和留住优秀人才，充分调动他们的积极性和创造性。在选取股权激励对象时，企业应该遵循"面向未来为主，兼顾历史功臣"和"宁缺毋滥"的原则选择对公司具有战略价值的核心人才。

　　企业的核心人才通常包括管理类人才、营销类人才和技术类人才，如图 5-27 所示。企业可以在股东利益得到充分保障的基础上，按照收益与贡献对等的原则，对这些少数重点关键人才进行激励。

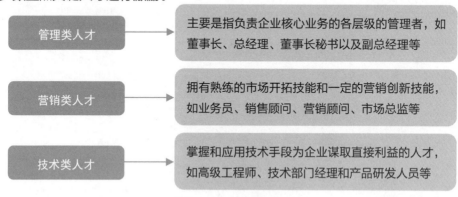

图 5-27　企业的核心人才

5.3.2　高于预期的激励

　　企业在实施股权激励计划后，不能只盯着预期的利润目标，而是需要鼓励员工实现大于预期的业绩目标，最大化地提升激励效果。图 5-28 所示为实现大于预期利润目标的激励技巧。

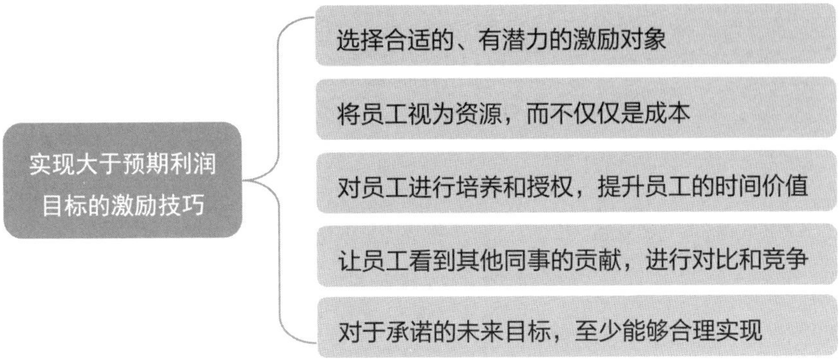

图 5-28　实现大于预期利润目标的激励技巧

例如，某公司在年初订制新产品的推广计划时，为了激发员工的工作积极性，约定实现 150% 的预期目标就给予发放双倍奖金的奖励。但是，新产品上市后，销量非常火爆，远远超过预期。仅仅半年时间便实现了年初的目标，也就是说销售团队即使下半年什么都不做，他们也能获得大量奖金。

此时，公司管理者为难了，这个奖金到底还要不要发呢？很多销售团队的员工都认为公司可能会取消奖金。但是，公司管理者最终还是拍板了，决定发放奖金，从而保证销售团队的执行力不会下降。

公司管理者在年中就给员工发放了部分奖金，用来安抚人心，增强公司的信任度。同时，另一部分奖金留在年底发放，公司管理层也借此机会重新调整了销售目标，并作出承诺，只要实现这个新目标，公司还将追加一笔奖金。这样，员工拿到年中奖金后，也不会放弃努力，而会继续争取年底拿更多的奖金。

5.3.3　学会当机立断

在《三国演义》的故事中，袁绍出身名门望族，有着"四世三公"的美誉，其封地广阔、谋士成群、猛将如云、兵强马壮，是诸多诸侯中实力最强大的人。袁绍有如此明显的优势，最后却在官渡之战中被曹操打败，从此一蹶不振。

分析袁绍失败的原因，除了他不善于管理自己的部下和内部集团派系纷争外，还有一个非常重要的原因，就是他遇事优柔寡断，内心不够坚定。正所谓"当断不断，反受其乱"，企业管理和股权激励也是同样的道理，管理者一定要学会当机立断，有效地进行决断。

春秋战国时期道家代表人物、纵横家创始人鬼谷子说过："凡决物，必托于疑者。善其用福，恶其用患；善至于诱也，终无惑偏。有利焉，去其利，则不受也；奇之所托。若有利于善者，隐托于恶，则不受矣，致疏远。故其有使失利者，有使离害者，此事之失。"这段话的意思大概如下所述。

> 凡为他人决断事情，都是受托于有疑难的人。一般说来，人们都希望遇到有利的事，不希望碰上祸患和被诱骗，希望最终能排除疑惑。在为人作决断时，如果只对一方有利，那么没有利的一方就不会接受，就是作为依托的基础不平衡。
>
> 任何决断本来都应有利于决断者，但是如果在其中隐含着不利的因素，那么决断者就不会接受，彼此之间的关系也会疏远，这样对为人决断的人就不利了，甚至还会遭到灾难，这样决断是失误的。

鬼谷子用简单的几句话便阐述了决断的重要性，决断不仅要谨慎，还要有智谋。在实施股权激励方案时，有时候，管理者之所以难以下决心，可能是受到一些因素的影响。此时，管理者就需要选择最为合理高效的一种方案，同时还要学会舍弃，并制定好决策流程和规则。

因此，进行股权激励一定要学会当机立断，做个会决策的领导者，下面介绍一些养成当机立断习惯的方法。

- 遇到紧急事情或者重要问题时，要学会果断解决，避免拖拖拉拉。
- 善于学习优秀管理者的处事风格，他们遇事时虽然很冷静，但并不会优柔寡断，往往会在周密思考后果断作出决定或清晰地阐明自己的观点。
- 学会思考，不要总依赖他人，遇到问题时自己先动手解决。
- 善于理性处理问题，学会在问题的周围找答案，不要让问题拖得太久。
- 做任何事都要专注，只有集中自己的注意力，才能提升做事的效率。
- 处理问题要学会灵活变通，让复杂的问题简单化，始终把行动放在首位。

在这个经济时代中，股权就是企业竞争的制高点，企业只有用好、用活手中的股权，才能更好地为下一轮发展助力，这也是制胜的关键所在。当下，那些能够不断打败竞争对手的成功企业，大部分都是善于先人一步进行正确转型升级的企业，能够及时作出颇具远见的决策的人。

这些成功企业在上一个时代进入衰退期之前，便当机立断地实现股权价值的转化，将其演变为自身的资金实力、并购能力和资源整合能力，同时获得更多优秀人才，并且投入下一轮的产业布局。

5.3.4　善用这把双刃剑

做任何事情，有得必有失，股权激励也是一把"双刃剑"。推出股权激励对于完善公司治理结构、留住核心人才、提升公司价值都有重大的意义。但是，股权激励实施不当也会引发很多问题，从而损害股东的利益和公司的利益，如图5-29所示。

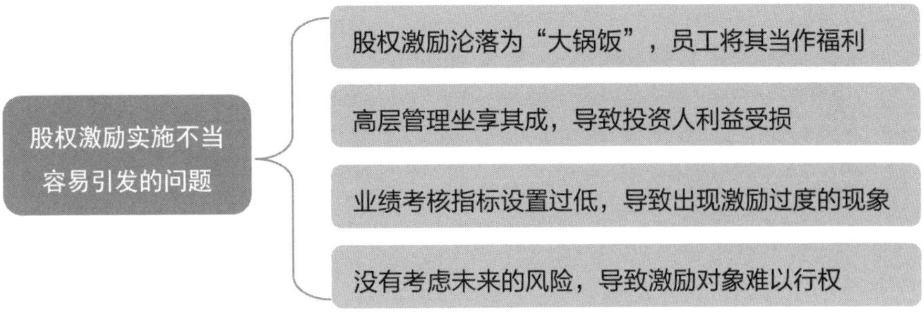

图 5-29　股权激励实施不当容易引发的问题

　　股权激励有利有弊，并非所有企业的股权激励计划都能顺利实施，公司的业绩、股价的后市表现、人员流动等都是关键因素。员工能够对企业产生归属感，跟持有股权其实并没有绝对联系。

　　只有让员工与管理者统一思想，把企业发展壮大当成共同的事业，这样的股权激励才能起到锦上添花的作用。因此，股权激励在逐步推行的同时，也需要完善相关配套措施，包括完善公司治理结构以及加强监管等。

第6章

实施：规范利益分配

在完成股权激励的内容设计之后，还需要确保股权激励计划能够顺利且完善地实施，保障各种被激励员工的奖励和利益能够落到实处。

本章主要介绍股权激励计划的具体实施方案。包括实施流程、实施机构和实施要点等，这些都是笔者多年实践经验的积累和提炼，能够对大家有所启发。

6.1 实施流程：推动激励计划实施

在推动激励计划实施的过程中，要确保实施流程的精细化和公开化，以避免在企业内部出现猜疑和妒忌现象。图 6-1 所示为企业股权激励计划的实施原则。在实施激励计划的过程中，应严格遵循这些原则，确保激励计划顺利且完善地实施，让企业形成真正的利益共同体。

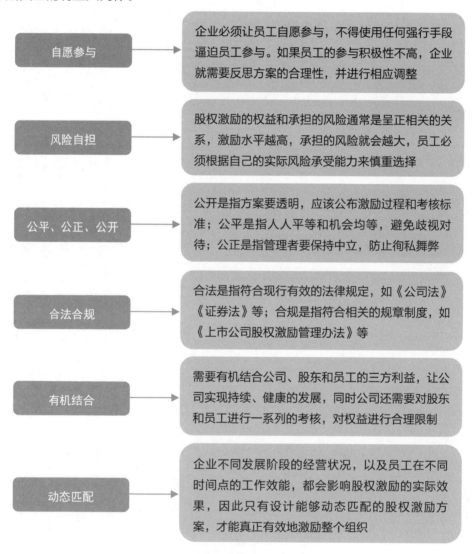

图 6-1 股权激励计划的实施原则

股权激励对企业最明显的作用就是把"外人"变"亲人"，让员工真正变成自己人，让公司、股东和员工形成长期性的利益共同体。

当公司制订好合适的股权激励方案后，接下来即可开始正式启动该方案。基本实施流程如图 6-2 所示。

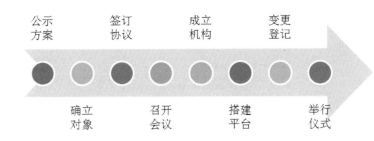

确立　　　　签订　　　　成立　　　　变更
方案　　　　协议　　　　机构　　　　登记

确立　　　召开　　　　搭建　　　　举行
对象　　　会议　　　　平台　　　　仪式

图 6-2　股权激励方案的实施流程

6.1.1　公示股权激励方案

股权激励方案实施的第一步就是公示方案，让所有员工了解股权激励方案的基本内容，以及相关的权利和义务，具体内容包括以下几点。

- 公司基本情况，包括名称、法人、注册地址、主营业务等。
- 董事会、监事会、高管层等主要人员构成情况。
- 激励计划的目的，一般都是调动员工的工作积极性，实现公司长远发展目标。
- 明确激励方案的激励方式，以及标的股票的来源。
- 拟售出的股权数量占公司股本总额的比例。
- 确定激励对象的选择依据、选择范围和分配方式。
- 股权激励标的的授予价格以及确定方法。
- 计划的有效期、授予日、禁售期和解锁期。
- 授予条件和解锁条件，以及授予和解锁程序。
- 公司与激励对象各自的权利和义务，计划终止方案。

专家提醒

　　在制订股权激励方案时，需要格外注意平衡新老员工的利益分配。如果没有做这方面的工作，很容易造成老员工躺在功劳簿上吃老本，而新员工即使拥有很强的工作能力也无法得到应有的激励，造成人才流失。因此，在保障老员工福利的同时，也不能降低新员工的工作激情，这就需要在制订股权激励方案时，对新老员工区别对待。

图 6-3 所示为中国联通公示的股权激励方案内容。

图6-3　中国联通公示的股权激励方案内容

6.1.2　确定股权激励对象

在制订股权方案时，必须明确激励对象或者相关的范围和条件，并跟踪方案落实到具体的员工个人，确定最终的被激励者名单，相关范本如图 6-4 所示。公司可以通过绩效考核的方式来评估员工价值，并且由人力资源或者行政部门来初步确定激励对象。然后将初步筛选的名单交由律师根据股权激励方案的条件进行审核，最后再通过董事会、股东会或其他权力机构来审批。

姓名	职务	人数（人）	人均授予股数（万股）	授予总股数（万股）
张三	董事会秘书	1	30	30
李四	财务负责人	1	30	30
公司中层管理人员、公司核心管理人才及专业人才		1000	10	10000
预留部分		待定	待定	5000
合计		-	-	15060

图6-4　被激励者名单和股权分配情况范本

专家提醒

企业可以在确定激励对象名单的同时，建立一个复议委员会和相关的复议机制，用于防止对各激励对象产生争议。而对股权激励方案有意见的员工，可以在律师的协助下，向复议委员会申请复议。

6.1.3　签订股权激励协议

当最终的激励对象名单出来后，企业即可跟激励对象签订一系列股权激励协议，通过这种契约来保障双方的权利和义务。以下为签订股权激励计划所需的相关协议。

- 《股权激励对象承诺书及授权委托书》
- 《年度股权激励计划协议书》
- 《竞业禁止协议》和《保密协议》
- 《股权转让协议》和《股权赠与协议》
- 《增资扩股协议》和《股权授予协议》
- 《合伙协议》和《公司章程》

例如，《年度股权激励计划协议书》主要用于明确激励对象、公司和持股平台之间的权利和义务，相关范本如图 6-5 所示。

八、承诺

8.1　甲方对于授予乙方的股权激励基金数量将恪守承诺，除非出现本协议书和《实施细则》中规定的**问题**，不得无故中途取消或减少乙方所得的激励基金数量，不得中途中止或终止本协议。

8.2　甲方有义务向乙方提供有关本次股权激励计划的实施情况和有关规章制度。乙方承诺，了解甲方关于本次股权激励计划的有关规章制度，包括但是不限于《实施细则》等。

8.3　乙方承诺，依法承担因激励基金授予、激励股票的买卖产生的纳税义务。

8.4　乙方承诺，在本协议规定时间内，将激励基金购买本公司股票并及时如实向甲方薪酬管理委员会报告持股情况。

8.5　乙方承诺，在参与股权激励计划中，所提供的所有资料均真实有效，并对其承担全部法律责任。

图 6-5　《年度股权激励计划协议书》范本中关于权利和义务的说明

专家提醒

在签订各种协议时，企业还可以举行一些专门的会议活动，以提升激励对象的仪式感。另外，签署的协议通常为一式三份(把相同内容的东西复制成三份)，由不同主体各自持有，协议的内容和效力完全一致。

6.1.4　召开持股员工会议

当双方签订协议确认股权关系后，企业可以召集所有的激励对象，召开一次持股员工会议，由公司领导发表讲话，以提升员工对企业的认同感。公司领导可以结合自己的工作实际情况和个人发展经历，讲一些对于员工持股制度的理解、思考和感悟。

召开持股员工会的基本规则内容如图 6-6 所示。

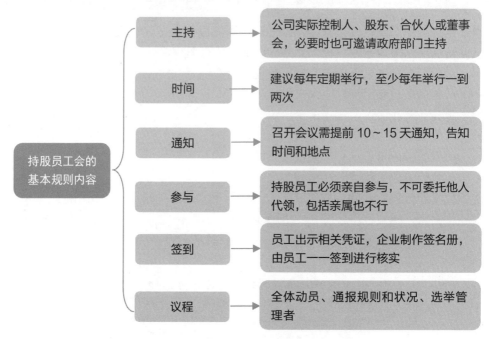

持股员工会的基本规则内容

主持 → 公司实际控制人、股东、合伙人或董事会，必要时也可邀请政府部门主持

时间 → 建议每年定期举行，至少每年举行一到两次

通知 → 召开会议需提前 10～15 天通知，告知时间和地点

参与 → 持股员工必须亲自参与，不可委托他人代领，包括亲属也不行

签到 → 员工出示相关凭证，企业制作签名册，由员工一一签到进行核实

议程 → 全体动员、通报规则和状况、选举管理者

图 6-6　召开持股员工会的基本规则内容

持股员工会可以帮助员工了解股权激励方案的分配导向，进一步明确持股员工的个人责任和义务，激发他们"干事创业"的热情。

专家提醒

对于会议上通过的相关制度，需要全体持股员工在会议记录上签字确认。同时，会议还可以选举产生相关的股权管理机构。

6.1.5　成立股权管理机构

除了股东大会、董事会、监事会等企业股权管理机构外，企业还可以针对员工持股成立专门的股权管理机构，如薪酬与考核委员会、股权激励专门委员会或者股权激励专门委员会等，负责实施股权激励计划。

股权管理机构需要有一定的独立性，要直接向董事会负责，其成员包括独立董事或者外部董事等，其主要履行以下职责。

- 自主起草、修改公司的股权激励计划草案。
- 委托中介机构起草、修改公司的股权激励计划草案及所有相关文件。
- 起草、修改公司股权激励计划的管理制度。

- 起草、修改公司股权激励方案的绩效考核办法和其他配套制度。
- 具体实施股权激励计划及适用相关绩效考核结果。
- 执行董事会通过的有关公司股权激励计划决议。
- 其他应该由股权管理机构负责履行的职责。

6.1.6　搭建员工持股平台

员工要想成为企业的股东，可以直接持股，将自己的名字加入到注册股东列表中，也可以借助代持模式来持股，但这两种方法都存在弊端，在一定情况下不利于企业发展，而搭建持股平台就是另一种非常好的员工持股方式。

专家提醒

需要注意的是，直接持股和代持模式的弊端是相对的，相关分析如下。

(1) 直接持股。适合股东人数少的公司，优点是激励性强，操作简单。但是如果公司的合伙股东非常多，在激励员工时，这种方法就不太适合了。员工人数多，稳定性较差，不仅会改变企业的股权结构和股东信息，而且如果他们在持股后离职，还需要进行工商变更登记，同时会影响企业后期的上市和融资。

(2) 代持模式。是指由其他人代替，持有公司的股权，这种方式会涉及税收和表决权的问题，同时还存在不小的道德风险，不推荐大家使用。

搭建持股平台的主要方法就是另外成立一家企业来管理公司用于股权激励的股份。下面，我们通过一个有限合伙企业的案例来分析持股平台的基本组成结构，如图 6-7 所示。

案例分析：主体公司(公司 A)成立一个公司 B 作为股权激励的持股平台，此时公司 B 成为公司 A 的新股东，且占股比例为 20%。接下来公司 A 将激励对象放入公司 B 中，让员工和部分小股东间接成为公司股东。

创始人(GP)不管在公司 B 中占多少股份，只要《合伙协议》中约定了 GP 作为持股平台的执行事务合伙人(见图 6-8)，则他可以对公司 B 所持有的公司股份行使表决权。

公司 B 不需要进行实际的经营，成立目的就是持股，所有激励对象的加入、退出都在公司 B 内部进行，用到的也只有 20%的股权，而不会影响公司 A 的股权结构。

另外，公司 A 后期也可以注册一家全资控股的有限责任公司(公司 C)，并将其作为公司 B 的普通合伙人，从而可以通过持股平台来扩展其他业务。

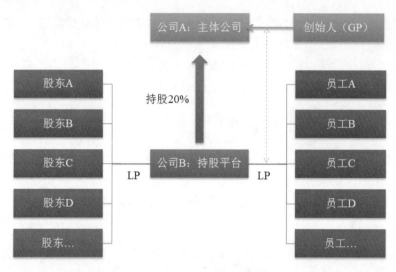

图 6-7　持股平台的结构示例

第八章　合伙事务的执行

第十九条　本企业由普通合伙人执行合伙事务。执行事务合伙人应具备完全民事行为能力，本企业有且仅有一名普通合伙人，该普通合伙人当然成为本企业的唯一执行事务合伙人。

若后续增加或变更（撤销执行事务合伙人对委托，导致执行事务合伙人的变更适用本协议第二十二条之规定）产生新的普通合伙人，新的执行事务合伙人经三分之二以上合伙人推选，并经持有（合计/单独）合伙企业超过三分之二出资额的合伙人审核通过。

执行合伙事务的合伙人对外代表企业。

第二十条　普通合伙人（执行事务合伙人）的权限：

全体合伙人一致同意，普通合伙人作为执行事务合伙人拥有《合伙企业法》及本协议所规定的对于本企业事务的独占及排他的执行权，包括但不限于：

1、决定、执行本企业的投资及其他业务；订立与本企业日常运营和管理的有关协议；代表本企业对外签署、交付和执行文件；聘用专业人士、中介及顾问机构对本企业提供服务；聘任合伙人以外的人担任本企业的经营管理人员。

2、开立、维持和撤销本企业的银行账户，开具支票和其他付款凭证；代表本企业取得、管理、维护和处分资产；以本企业名义为他人提供担保；根据国家税务管理规定处理本企业的涉税事项。

3、为本企业的利益决定提起诉讼或应诉，进行仲裁；与争议对方进行妥协、和解等，以解决本企业与第三方的争议；采取所有可能的行动以保障本企业的财产安全，减少因本企业的业务活动而对本企业、普通合伙人及其财产可能带来的风险。

4、变更本企业的名称；变更企业主要经营场所；批准有限合伙人入伙、退伙及转让本企业权益。

5、采取为维持本企业合法存续、以本企业身份开展经营活动所必需的一切行动；采取为实现合伙目的、维护或争取本企业合法权益所必需的其他行动。

第二十一条　不执行合伙事务的合伙人有权监督执行事务合伙人执行合伙事务的情况。执行事务合伙人应当定期向其他合伙人报告事务执行情况以及本企业的经营和财务状况，其执行合伙事务所产生的收益归本企业，所产生的费用和亏损由本企业承担。

第二十二条　执行合伙事务的合伙人不按照本协议的决定执行事务的，经其他合伙人一致同意可以决定撤销该委托。

执行事务合伙人的更换条件为：执行合伙事务的合伙人因故意给本企业造成重大损失（10万元以上）。

执行事务合伙人的更换程序为：合伙人在决定更换执行事务合伙人的同时作出接纳新的普通合伙人的决定，新的普通合伙人签署书面文件确认同意受本协议约束并履行本协议规定的应由普通合伙人履行的职责和义务；自上述程序全部履行完毕之日起，普通合伙人转为有限合伙人或退出本企业，停止执行本企业事务并向合伙人同意接纳的新的普通合伙人交接本企业事务。

第二十三条　合伙人不得自营或者同他人合作经营与本有限合伙企业相竞争的业务。除经普通合伙人书面同意外，合伙人不得同合伙企业进行交易。

第二十四条　合伙人经普通合伙人书面同意后，可以增加或者减少对合伙企业的出资。

第二十五条　有限合伙人不执行合伙事务，不得对外代表有限合伙企业。

图 6-8　《合伙协议》范本中的合伙事务执行说明

专家提醒

同时，财政部和国家税务总局颁布的《关于完善股权激励和技术入股有关所得税政策的通知》(财税〔2016〕101号)中对于激励股票来源也做了相关规定。这里可以对法律法规允许的其他合理方式，我们也可以理解为包括通过有限公司或有限合伙持股平台间接持股方式，授予激励对象股权。

激励标的应为境内居民企业的本公司股权。股权奖励的标的可以是技术成果投资入股到其他境内居民企业所取得的股权。激励标的股票(权)包括通过增发、大股东直接让渡以及法律法规允许的其他合理方式授予激励对象的股票(权)。

6.1.7　激励股权变更登记

当激励对象向公司或持股平台交付出资后，企业还需要进行相应的工商变更登记，让激励对象获得公司的股份、股权和财产等份额，成为公司真正的股东。

1. 出资方式

出资方式是指激励对象为企业投入资金注册的形式，《中华人民共和国公司法》(2018年修正)对有限责任公司股东出资方式做了明确的规定。

第二十七条　股东可以用货币出资，也可以用实物、知识产权、土地使用权等可以用货币估价并可以依法转让的非货币财产作价出资；但是，法律、行政法规规定不得作为出资的财产除外。对作为出资的非货币财产应当评估作价，核实财产，不得高估或者低估作价。法律、行政法规对评估作价有规定的，从其规定。

同时，《中华人民共和国合伙企业法》中对普通合伙企业和有限合伙企业的出资方式都做了明确说明。

第十七条　针对普通合伙企业

合伙人应当按照合伙协议约定的出资方式、数额和缴付期限，履行出资义务。以非货币财产出资的，依照法律、行政法规的规定，需要办理财产权转移手续的，应当依法办理。

第六十四条　针对有限合伙企业

有限合伙人可以用货币、实物、知识产权、土地使用权或者其他财产权利作价出资。有限合伙人不得以劳务出资。

2. 公司变更

新公司法规定，公司发行新股募足股款后，必须向公司登记机关办理变更登记，并公告。《中华人民共和国公司法》(2018年修订)关于股东名册的相关规定如下。

> 第三十二条 有限责任公司应当置备股东名册，记载下列事项：
>
> (一)股东的姓名或者名称及住所；
>
> (二)股东的出资额；
>
> (三)出资证明书编号。
>
> 记载于股东名册的股东，可以依股东名册主张行使股东权利。公司应当将股东的姓名或者名称向公司登记机关登记；登记事项发生变更的，应当办理变更登记。未经登记或者变更登记的，不得对抗第三人。

从相关规定可以看出，公司的登记事项只包括了股东的名称或姓名，不包括其出资额。如果公司是针对现有股东的股权激励，而股东名称没有发生变化，则无须办理工商变更登记手续。

《中华人民共和国公司登记管理条例》(2016年修订)的相关规定如下。

> 第九条 公司的登记事项包括：
>
> (一)名称；
>
> (二)住所；
>
> (三)法定代表人姓名；
>
> (四)注册资本；
>
> (五)公司类型；
>
> (六)经营范围；
>
> (七)营业期限；
>
> (八)有限责任公司股东或者股份有限公司发起人的姓名或者名称。

当然，如果是采用直接持股的激励方式，且激励对象是非持股员工，他们愿意成为公司的股东，而公司对此也无异议的话，则可以到工商部门做变更登记。直接持股的本质是一种股权转让行为，激励对象通过公司的股权激励方案，成为直接持有公司股权的股东，导致公司股东名称发生变化，因此需要前往工商部门办理工商变更手续。

 专家提醒

　　如果是通过持股平台间接持股的股权激励方式，则通常是不需要办理工商变更手续的。

6.1.8 举行股权授予仪式

最后，公司可以针对激励对象举行股权授予仪式，在公司内部认同和公示他们的股东身份，以增强员工的荣誉感。股权授予仪式的具体包括以下内容。

- 公司创始人讲解股权激励方案并发表感言。
- 集团各公司总经理阐述年度总结与规划。
- 激励对象签约仪式，激励对象代表发表感言。
- 发放股权证书，核对与落实股权信息。
- 公布董事长集团工作报告，以及对股权激励的规划。
- 监事会主席作总结性发言，仪式告一段落。

其中，股权证书是由公司出具给股东盖有公司公章证明激励对象是公司股东的一份权利证书，如图 6-9 所示。股权证书作为股权激励对象的股东持股凭证，要明确写清楚公司的相关信息，然后加上股东的姓名和身份证号码，股东持股的股份数量和占比，以及发证日期。股东可以凭股权证书，享受企业章程和有关制度规定的权利，并承担相应的义务。

图 6-9 股权证书范本

6.2 实施机构：拓宽企业激励渠道

股权激励的实施需要依靠多个机构共同协作完成，每个机构既要承担各自的职责和义务，也要接受员工的监督，以保证激励的流程公平、公正和公开，并拓宽股权激励的渠道。

6.2.1　持股员工大会

对于持股员工数量较多的企业来说，通过成立持股员工大会或者持股员工代表大会，可以有效连接员工的个人利益与企业的发展命运，使企业内部的产权关系更加明确，并调动员工的工作积极性，让企业凝聚力得到增强，从而构建"每个员工都关注企业、忠诚企业"的运行机制。持股员工大会的基本原则如图6-10所示。

```
┌─────────────┐      ┌──────────────────────────────────┐
│  持股员工大会   │      │   自愿出资入股，并按照规定章程转让和退出    │
│  的基本原则    │──────│                                  │
└─────────────┘      ├──────────────────────────────────┤
                     │   行之有效、着眼未来、利益共享、风险共担     │
                     ├──────────────────────────────────┤
                     │   为持股员工设立单独的账册，实行民主管理    │
                     └──────────────────────────────────┘
```

图 6-10　持股员工大会的基本原则

另外，持股员工代表大会还能够通过集中表决权，有效提升决策效率。持股员工代表大会的代表由持股员工组成，并且由全体持股员工投票选举产生。图 6-11 所示为持股员工代表大会的《组织与管理机构》规章范本。

第二章　组织与管理机构

第十条　持股会由持有职工股的职工组成，持股会负责人由全体职工选举产生。

第十一条　持股会的最高权力机构是会员代表大会。会员代表大会就职工持股会章程的制定和修改，职工持股会的管理以及会员权力的行使等事宜作出决议。

第十二条　会员代表大会的决议须经 1/2 以上会员代表通过，持股会章程的修改，须经 2/3 以上会员代表通过。

第十三条　持股会会员代表原则上根据出资额，每 30 万元产生 1 名会员代表。会员代表大会选举产生 7 名兼职或专职人员组成持股会理事会，对持股会进行管理。理事会理事任期 3 年，连选可以连任。

第十四条　会员代表大会行使下列职权：

（一）听取理事会参加实业公司董事会的情况报告；

（二）审议批准理事会的工作报告；

（三）选举和更换理事会成员；

（四）审议批准持股会的年度财务报告；

（五）对持股会增加股本总额、投资方案和收益分配方案作出决议；

（六）修改持股会章程。

第十五条　理事会履行下列职权：

（一）收集会员出资金购买实业公司的股份；

（二）管理职工个人持股名册，向会员发出出资证明；

（三）管理职工个人持股名册，向会员办理分配事宜；

（四）根据规定的出资比例，组织推荐进入实业公司董事会的人员行使代表权；

（五）制定章程（草案）及实施细则。

第十六条　会员代表大会分为定期会议和临时会议。定期会议每年召开两次。理事会决定或者 2/3 以上的会员代表提议可以召开临时会议。

第十七条　会员代表大会由理事会召集、理事长主持。召开理事会议一般提前一周通知全体理事，并告之会议议题内容，理事会事先做好准备。

第十八条　会员代表大会应当将所议事项的决定载入会议记录，出席会议的会员代表应当在会议记录上签名。

第十九条　理事会推选理事长 1 人，副理事长 2 名，常务理事若干名。理事长是持股会参加实业公司股东会议的代表，进入实业公司董事会行使决策权。理事长主持理事会会议及会员代表大会，检查理事会组织实施会员代表大会决议工作情况，并签署会议文件。

第二十条　持股会理事会下设秘书、会计、出纳若干名，在理事会领导下，负责持股会档案、会务、财务和认股、转股、退股等日常工作。

图 6-11　《组织与管理机构》规章范本

6.2.2　股权管理机构

股权管理机构主要负责股权激励计划的具体实施，其成员通常由持股员工会议通过投票选举的方式产生，主要由执行董事、薪酬与考核委员会、总经理、综合部门、财务部门和其他各部门与人员共同组成。下面，我们来了解各部门与人员的基本职责。

1. 执行董事

执行董事的基本职责如下所述。

- 审核并确认激励对象的资格和条件。
- 制定业绩目标和相对应的激励比例。
- 审议激励对象获授权益的成立条件。
- 审批激励方案的实施、变更和终止。
- 负责股权的转让、退出和回购等事宜。

2. 薪酬与考核委员会

薪酬与考核委员会的基本职责如下所述。

- 制订具体的股权激励方案。
- 定期修改和完善激励方案。

3. 总经理

总经理的基本职责如下所述。

- 负责公司的日常经营管理。
- 重大事件提请公司执行董事审议。

4. 综合部门

综合部门的基本职责如下所述。

- 做好股权激励的前期准备工作，建设和落实公司绩效管理体系。
- 做好年度报告，明确相关人员和组织的绩效指标情况。

5. 财务部门

财务部门的基本职责如下所述。

- 做好预算编制，控制预算费用；提供财务数据，考核激励对象。
- 负责股权激励计划的财务和税务工作。
- 公布相关财务信息，并确保数据真实、准确。
- 配合完成相关领导所安排的财务工作。

6. 其他各部门

其他各部门的基本职责如下所述。

- 负责各部门内的股权激励方案的宣讲工作，使激励对象积极完成任务，达到股权激励方案的要求。

- 遵循"公平、公正、透明"的原则，完成各部门内部的绩效管理考核任务，得到真实的考核结果。

6.2.3 股权监督机构

除了建立股权管理机构外，企业还可以设立一个股权监督机构，该机构的主要任务是坚持"公平、公正、公开"的基本原则，监督各部门和人员在实施股权激励计划时，是否做到依法合规。股权监督机构具体承担下述各项职责。

- 负责监督公司董事会以及股权管理机构。
- 审查股权激励方案的协议和具体执行过程。
- 有权调查公司经营中的异常情况和旁听员工持股会。
- 负责提醒和纠正损害公司利益的股东行为。
- 对于严重违反法律法规的股东，提出罢免建议。

专家提醒

当然，对于中小企业来说，也可以单独设置一个监事岗位负责股权监督事务。另外，也可以让律师团队负责监督股权激励计划的实施过程，及时发现不合规的现象，并提出相应的整改方案。

6.2.4 内部议事规则

内部议事规则是针对持股平台的相关管理规定，主要以《中华人民共和国合伙企业法》和《中华人民共和国公司法》为依据，以确定《合伙协议》的具体内容。

（1）对于有限合伙企业股权激励的内部议事规则，《中华人民共和国合伙企业法》中有相关规定，关于有限合伙企业的部分规定如下。

> 第十八条　合伙协议应当载明下列事项：
>
> （一）合伙企业的名称和主要经营场所的地点；
>
> （二）合伙目的和合伙经营范围；
>
> （三）合伙人的姓名或者名称、住所；
>
> （四）合伙人的出资方式、数额和缴付期限；
>
> （五）利润分配、亏损分担方式；
>
> （六）合伙事务的执行；
>
> （七）入伙与退伙；
>
> （八）争议解决办法；
>
> （九）合伙企业的解散与清算；

(十)违约责任。

第六十条　有限合伙企业及其合伙人适用本章规定；本章未作规定的，适用本法第二章第一节至第五节关于普通合伙企业及其合伙人的规定。

第六十三条　合伙协议除符合本法第十八条的规定外，还应当载明下列事项：

(一)普通合伙人和有限合伙人的姓名或者名称、住所；

(二)执行事务合伙人应具备的条件和选择程序；

(三)执行事务合伙人权限与违约处理办法；

(四)执行事务合伙人的除名条件和更换程序；

(五)有限合伙人入伙、退伙的条件、程序以及相关责任；

(六)有限合伙人和普通合伙人相互转变程序。

第六十七条　有限合伙企业由普通合伙人执行合伙事务。执行事务合伙人可以要求在合伙协议中确定执行事务的报酬及报酬提取方式。

第六十九条　有限合伙企业不得将全部利润分配给部分合伙人；但是，合伙协议另有约定的除外。

第七十条　有限合伙人可以同本有限合伙企业进行交易；但是，合伙协议另有约定的除外。

第七十一条　有限合伙人可以自营或者同他人合作经营与本有限合伙企业相竞争的业务；但是，合伙协议另有约定的除外。

第七十二条　有限合伙人可以将其在有限合伙企业中的财产份额出质；但是，合伙协议另有约定的除外。

第七十三条　有限合伙人可以按照合伙协议的约定向合伙人以外的人转让其在有限合伙企业中的财产份额，但应当提前三十日通知其他合伙人。

第八十二条　除合伙协议另有约定外，普通合伙人转变为有限合伙人，或者有限合伙人转变为普通合伙人，应当经全体合伙人一致同意。

(2)　对于有限责任公司的股权激励方案的内部议事规则，《中华人民共和国公司法》中的相关规定如下所述。

第三十四条　分红权与优先认购权

股东按照实缴的出资比例分取红利；公司新增资本时，股东有权优先按照实缴的出资比例认缴出资。但是，全体股东约定不按照出资比例分取红利或者不按照出资比例优先认缴出资的除外。

第三十七条　股东会职权

股东会行使下列职权：

(一)决定公司的经营方针和投资计划；

(二)选举和更换非由职工代表担任的董事、监事，决定有关董事、监事的报酬事项；

(三)审议批准董事会的报告；

(四)审议批准监事会或者监事的报告；

(五)审议批准公司的年度财务预算方案、决算方案；

(六)审议批准公司的利润分配方案和弥补亏损方案；

(七)对公司增加或者减少注册资本作出决议；

(八)对发行公司债券作出决议；

(九)对公司合并、分立、解散、清算或者变更公司形式作出决议；

(十)修改公司章程；

(十一)公司章程规定的其他职权。

对前款所列事项股东以书面形式一致表示同意的，可以不召开股东会会议，直接作出决定，并由全体股东在决定文件上签名、盖章。

第四十一条　股东会会议的通知与记录

召开股东会会议，应当于会议召开十五日前通知全体股东；但是，公司章程另有规定或者全体股东另有约定的除外。

股东会应当对所议事项的决定作出会议记录，出席会议的股东应当在会议记录上签名。

第四十二条　股东的表决权

股东会会议由股东按照出资比例行使表决权；但是，公司章程另有规定的除外。

第四十三条　股东会的议事方式和表决程序

股东会的议事方式和表决程序，除本法有规定的外，由公司章程规定。股东会会议作出修改公司章程、增加或者减少注册资本的决议，以及公司合并、分立、解散或者变更公司形式的决议，必须经代表三分之二以上表决权的股东通过。

从这些规定中可以看出，有限责任公司在制定《公司章程》时的自由度还是比较大的，可以让董事会获得更多决策权。

在内部议事的过程中，各企业股东成员在会上需要严肃认真、实事求是地发表意见，并且尊重其他成员发表意见的权利，当会议决议多项事务时，应逐项表决。

6.3　实施要点：改进企业激励细节

在实施股权激励过程中，还需要注意一些细节和要点，主要是绩效考核方案和股权代持方案的内容，这两方面的内容关系到企业的股权架构和未来发展，企业相关人员对这两个要点加以实施和完善，可以更好地设计股权架构，保证企业长远发展。

6.3.1　绩效考核方案

绩效考核方案主要是针对激励对象的一种约束机制，使其能够按照公司约定的相关要求来完成目标绩效，从而获得相应的股权激励标的。如果激励对象的实际完成业绩不满足公司的绩效考核标准，则股权激励所涉及的全部或部分权力将作废。

以个人绩效为例，实施股权激励方案的基本绩效考核可以从以下 3 个方面进行衡量，如图 6-12 所示。

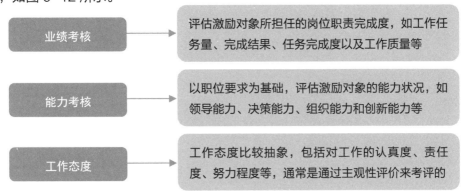

图 6-12　个人绩效的考核方法

6.3.2　股权代持方案

股权代持是一种简化企业股权结构的方案，不仅操作程序和转让方式都较为简单，而且还可以规避法律法规对于股东人数的限制。其中，《中华人民共和国公司法》中做了如下规定。

　　第二十四条　股东人数

　　有限责任公司由五十个以下股东出资设立。

　　第七十八条　发起人的限制

　　设立股份有限公司，应当有二人以上二百人以下为发起人，其中须有半数以上的发起人在中国境内有住所。

在一些人员和资本结构比较复杂的企业里，会采用股权代持模式。需要注意的是，即使双方签订了《股权代持协议》，但企业登记的股东名称并未改变，他们掌握着所有的股权，可能会损害被代持者的利益，并引起一些法律纠纷。因此，企业一定要在《股权代持协议》中明确双方的权利和义务，以及相关的违约责任。

专家提醒

股权代持方案相关的法律法规如下所述。

《中华人民共和国物权法》(2007 年 3 月 16 日)

第一百零六条　善意取得

无处分权人将不动产或者动产转让给受让人的，所有权人有权追回；除法律另有规定外，符合下列情形的，受让人取得该不动产或者动产的所有权：

(一)受让人受让该不动产或者动产时是善意的；

(二)以合理的价格转让；

(三)转让的不动产或者动产依照法律规定应当登记的已经登记，不需要登记的已经交付给受让人。

受让人依照前款规定取得不动产或者动产的所有权的，原所有权人有权向无处分权人请求赔偿损失。

当事人善意取得其他物权的，参照前两款规定。

《最高人民法院关于适用〈公司法〉若干问题的规定(三)》(2020 年修订)

第二十四条第三款　实际出资人未经公司其他股东半数以上同意，请求公司变更股东、签发出资证明书、记载于股东名册、记载于公司章程并办理公司登记机关登记的，人民法院不予支持。

第二十五条　名义股东将登记于其名下的股权转让、质押或者以其他方式处分，实际出资人以其对于股权享有实际权利为由，请求认定处分股权行为无效的，人民法院可以参照物权法第一百零六条的规定处理。

名义股东处分股权造成实际出资人损失，实际出资人请求名义股东承担赔偿责任的，人民法院应予支持。

第 7 章

融资：提升股东盈利

　　创业者想要成功创业，最关键的核心是人才和资金，但为企业发展筹集资金的技能并不是所有创业者都具备的。因此，学会融资这门技能是所有创业者成功创业的必修课。

　　本章将深入浅出地讲解股权融资的常见知识，并结合实际案例帮助创业者迅速掌握融资的实际应用和操作技巧。此外，对融资过程中可能遇到的问题也进行了重点分析，以帮助大家规避融资风险。

7.1 常见知识：全面了解股权融资

股权融资可以为企业的经营提供巨大帮助，企业的经营者可以通过股权融资投资新项目、扩大生产规模、降低财务杠杆等。因此，所有企业的经营者都必须充分了解股权融资，并且能运用到企业的经营中去，实现企业的盈利增长。

7.1.1 认识股权融资的特点

目前，银行仍然是我国金融体系的主导方式，经济发展的资金来源主要包括银行、债权和股权 3 种方式。其中，债权和股权是大部分民营企业融资的主要渠道。

(1) **债权融资**。即企业通过借贷的方式来获取资金，企业需要承担利息，到期后还需要归还本金。

(2) **股权融资**。即股东让出部分企业股权，其他投资人出资购入股权，使总股本增加，企业通过增资的方式吸收新的股东，并共同分享企业的赢利，以及共同承担责任风险。股权融资主要具有以下 3 个特点，如图 7-1 所示。

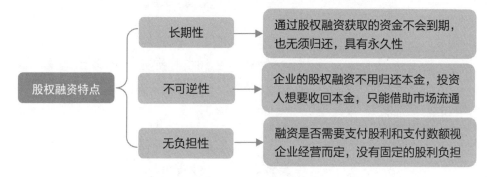

图 7-1 股权融资特点

对比债权融资和股权融资，两者之间主要有以下两点不同之处。

(1) **不同风险**。通常来说，股权融资的风险要小于债权融资。股权融资无须面临还本付息的融资风险，而债权融资必须承担按期还息、到期还本的义务。

(2) **不同影响**。虽然债权融资可能会导致企业资金链的问题，但各股东的控制权是不受影响的。而股权融资会导致各股东的股权被稀释，降低对企业的控制权。

7.1.2 股权融资的利弊分析

通过股权融资的方式，可以让新的投资人参与到企业中，与老股东共同分享企业的盈利与增长，而且企业还不用还本付息，没有经营压力。但是，企业也会面临新的投资人和老股东在利益分配上的冲突。接下来，笔者将为大家分析股权融资的优势和劣势。

1. 股权融资的优势

下面从上市公司和非上市公司两个不同的角度，分析股权融资的主要优势，如图 7-2 所示。

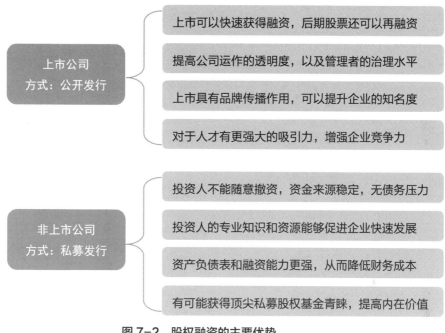

图 7-2　股权融资的主要优势

2. 股权融资的劣势

对于在公开市场发售股票的上市公司来说，也存在以下这些劣势。

(1) **增加维护成本。**

● 需要设立独立董事、独立监事等，增加管理成本。

● 会产生更多广告费、审计费和薪酬等，增加营运成本。

(2) **增加管理压力。**企业一旦业绩不佳，或者经营不善，都会导致股价下跌，甚至有退市风险。

(3) **影响股东决策。**上市后股东人数增多，约束力也会更大，作出重大经营决策的效率也会降低。

(4) **增加信息透明度。**上市公司有信息披露制度，公司信息透明度非常高，容易泄露商业机密。

而对于以私募方式进行股权融资的企业来说，其主要劣势如图 7-3 所示。

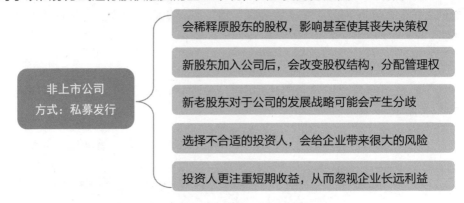

图 7-3　私募发行的股权融资方式的主要劣势

在进行股权融资的过程中，企业一定要善于扬长避短，做好万全的准备，充分发挥股权融资的优势，避免可能产生的不良影响。

7.1.3　股权融资的七大误区

企业在进行股权融资时，很容易掉进一些误区中无法自拔，这会严重影响企业的融资结果，导致企业发展进度停滞不前，甚至倒退。

下面笔者针对这些误区做了一个总结，帮助大家提前熟悉可能出现的误区，避免在之后的融资过程中重蹈覆辙，如图 7-4 所示。

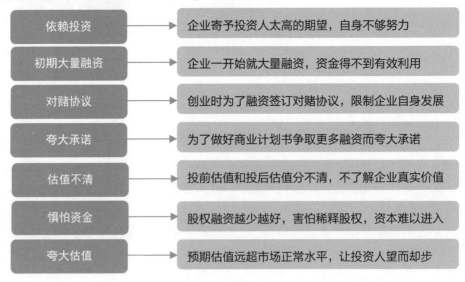

图 7-4　股权融资的七大误区

7.1.4 股权融资的风险防范

股权融资从表面上看似一片繁荣似锦的景象，但实际上却危机重重。图 7-5 所示为股权融资存在的主要风险。

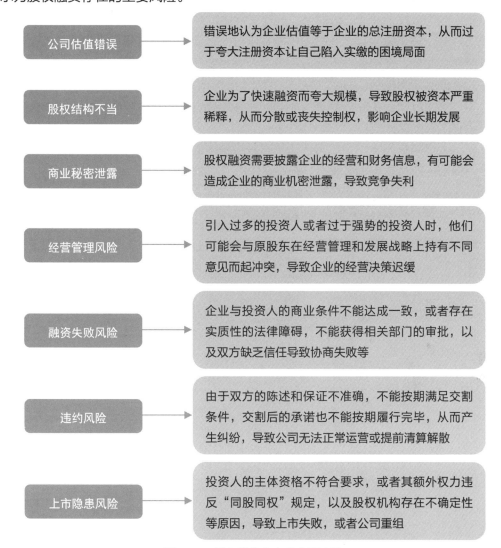

公司估值错误	错误地认为企业估值等于企业的总注册资本，从而过于夸大注册资本让自己陷入实缴的困境局面
股权结构不当	企业为了快速融资而夸大规模，导致股权被资本严重稀释，从而分散或丧失控制权，影响企业长期发展
商业秘密泄露	股权融资需要披露企业的经营和财务信息，有可能会造成企业的商业机密泄露，导致竞争失利
经营管理风险	引入过多的投资人或者过于强势的投资人时，他们可能会与原股东在经营管理和发展战略上持有不同意见而起冲突，导致企业的经营决策迟缓
融资失败风险	企业与投资人的商业条件不能达成一致，或者存在实质性的法律障碍，不能获得相关部门的审批，以及双方缺乏信任导致协商失败等
违约风险	由于双方的陈述和保证不准确，不能按期满足交割条件，交割后的承诺也不能按期履行完毕，从而产生纠纷，导致公司无法正常运营或提前清算解散
上市隐患风险	投资人的主体资格不符合要求，或者其额外权力违反"同股同权"规定，以及股权机构存在不确定性等原因，导致上市失败，或者公司重组

图 7-5 股权融资存在的主要风险

下面介绍这些风险的防范方法。

（1）**公司估值错误**。根据企业的主营业务、产品销售、客户数量、商业模式、团队能力、市场潜力、行业状况等情况，进行综合评估，得到合理的价格。

（2）**股权结构不当**。股权结构和董事会结构都需要进行合理调整，以保证控制权在企业手中，避免产生内耗。

(3) **商业秘密泄露**。投资人或机构要签订保密协议，并严格遵守，企业可以根据信息的保密程度来分次批量，并且做好相关操作人员的保密培训工作。

(4) **经营管理风险**。在不影响企业正常运营的情况下，应根据企业的实际情况确定投资人的否决权，并建立合理合规的冲突解决机制。

(5) **融资失败风险**。企业的股权融资定位一定要正确，并确定合理的估值和其他商务条件。此外，交割条件不能设置过度，并且要和政府有关部门保持良好的关系，并建立合理的谈判机制。

(6) **违约风险**。企业需要真实准确的批量信息，并且重视合同交代的相关义务，同时明确限制赔偿责任。

(7) **上市隐患风险**。企业需要认真审核投资人的主体资格，遵循"同股同权"的原则，提前沟通合理规定否决权，并谨慎使用"对赌条款"。

7.1.5　股权融资的协议条款

股权融资想要获得成功，还需要制定一系列核心协议条款，用以规范和保证股权融资计划的正常实施，具体条款如图 7-6 所示。

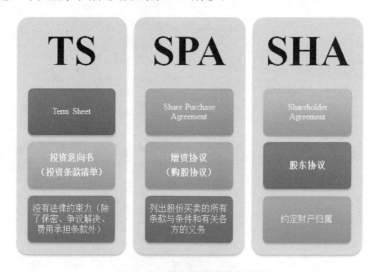

图 7-6　股权融资的协议条款

其中，TS 关键性条款又包括排他条款、股权回购、保密条款、融资价格、公司治理、反稀释办法、关键人限制、保护性条款、强制随售权、优先清算权等内容，相关范本内容如图 7-7 所示。

排他条款：	自签署之日起至　　　年　　月　　日止，收购方就该部分的投资具有排他权。公司及现有股东在与投资方的合作过程中，不能够单方面与其他投资机构就该部分投资另行谈判或订立投资协议或类似协议。如双方以书面形式终止本备忘录的执行，本排他性条款亦自动终止。如双方同意，本排他性条款可延期。出让方在本备忘录签署之日前就该部分投资已经签署的投资意向、投资协议或类似协议的，不构成对本排他协议的违反，但出让方承诺在本备忘录排他期限内中止与他方的磋商、接洽、谈判等。
配合尽职调查：	公司和公司的任何其他代理人将与收购方和其顾问，就收购方对于公司和业务的尽职调查，进行合作。现有股东将促使公司向收购方和收购方代表及时、准确、完整地提供有关公司（如有）和业务的账册、记录、合同和其他任何资讯和数据。
费用：	1.　各自各自行承担其委托的专业顾问费用。 2.　如果交易未能完成是由于任何一方恶意不合作，则提议一方应承担另一方的所有合理费用。
保密：	本条款书的内容及公司披露的信息严格保密，未经双方签署书面同意，收购方、公司、现有股东以及他们各自的关联方不得向任何人披露本次交易的内容。此外，未经收购方签署书面同意，公司和现有股东不得以任何方式或格式（包括连接网址、新闻发布等）使用收购方的名称。
其他：	除了保密条款、排他条款，配合尽职调查，费用和保证金外，本投资条款的各项条款在投资正式法律文件签署之前不具有法律约束力，双方均可另行协商与此不一致的条款内容。任何一方违反前述保密条款、排他条款，应赔偿守约方因此遭受的所有损失。 收购方有权将本协议交与指定的第三方签署正式投资协议。

图 7-7　TS 条款范本

7.1.6　股权融资的 6 种方式

企业可以通过多种方式进行股权融资，以解决企业的资金问题。接下来，笔者将具体解读 6 种不同的融资方式，方便读者自行选择和判断适合自己企业的融资方式。

1. 股权质押融资

股权质押融资是指投资人将其所拥有的股权作为质押标的物来进行融资，这种融资方式的主要优势是融资成本更低，同时还可以充分发挥股权的价值。

中小企业过去主要的融资方式是债权融资，即通过抵押实物资产来获得银行贷款。但是，很多中小企业的不动产并不多，获得的资金非常有限，因此股权质押融资开始流行起来，企业只需要将自己的静态股权进行质押，即可获得流动资金，是一种非常理想的融资方式。如图 7-8 所示为股权质押融资的主要途径。

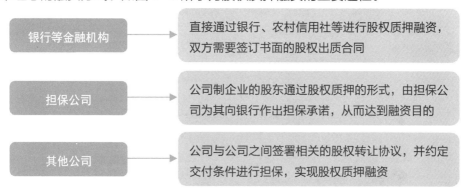

银行等金融机构	直接通过银行、农村信用社等进行股权质押融资，双方需要签订书面的股权出质合同
担保公司	公司制企业的股东通过股权质押的形式，由担保公司为其向银行作出担保承诺，从而达到融资目的
其他公司	公司与公司之间签署相关的股权转让协议，并约定交付条件进行担保，实现股权质押融资

图 7-8　股权质押融资的主要途径

在质押股权时，企业实际上是将其股票的所有权质押给投资人，但保留与股票相关的其他权利，如投票权。股权质押融资协议的基本原则是互利、平等、诚实、自愿，相关范本条款如图 7-9 所示。

第一条　本合同所担保的债权为：乙方依贷款合同向甲方发放的总金额为人民币＿＿＿（大写）元整的贷款，贷款年利率为＿＿＿，贷款期限自＿＿年＿＿月＿＿日至＿＿年＿＿月＿＿日。

第二条　质押合同标的

（1）质押标的为甲方（即上述合同借款人）在＿＿＿公司投资的股权及其派生的权益。

（2）质押股权金额为＿＿＿元整。

（3）质押股权派生权益，系指质押股权应得红利及其他收益，必须记入甲方在乙方开立的保管账户内，作为本质押项下贷款偿付的保证。

第三条　甲方应在本合同订立后 10 日内就质押事宜征得＿＿＿公司董事会议同意，并将出质股份于股东名册上办理登记手续，将股权证书移交给乙方保管。

第四条　本股权质押下的贷款合同如有修改、补充而影响本质押合同时，双方应协商修改、补充本质押合同，使其与股权质押项下贷款合同规定相一致。

第五条　如因不可抗力原因致本合同须作一定删节、修改、补充时，应不免除或减少甲方在本合同中所承担的责任，不影响或侵犯乙方在本合同项下的权益。

第六条　发生下列事项之一时，乙方有权依法定方式处分质押股权及其派生权益，所得款项及权益优先清偿贷款本息。

（1）甲方不按本质押项下合同规定，如期偿还贷款本息、利息及费用。

（2）甲方被宣告解散、破产的。

第七条　在本合同有效期内，甲方如需转让出质股权，须乙方书面同意，并将转让所得款项提前清偿贷款本息。

第八条　本合同生效后，甲、乙任何一方不得擅自变更或解除合同，除经双方协议一致并达成书面协议。

第九条　甲方在本合同第三条规定期限内不能取得＿＿＿公司董事会同意质押或者在本合同订前已将股权出质给第三者的，乙方有权提前收回贷款本息并有权要求甲方赔偿损失。

第十条　本合同是所担保贷款合同的组成部分，经双方签章，并自股权出质登记之日起开始生效。

图 7-9　股权质押融资协议范本

2. 股权出让融资

股权出让融资又称为股权交易增值融资，是指企业通过出让部分股权来筹集资金。股权出让融资方式会严重影响企业的股权结构、决策权、发展战略和收益方式。图 7-10 所示为股权出让融资方式的特点。

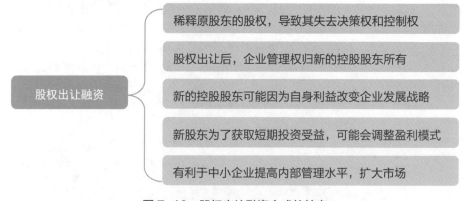

图 7-10　股权出让融资方式的特点

对于中小企业来说，股权出让融资更多的是为了吸引新的优秀合伙人和直接投资，因此选择投资人时要非常谨慎，避免让自己陷入被动局面。如图 7-11 所示为股权出让融资的主要途径。

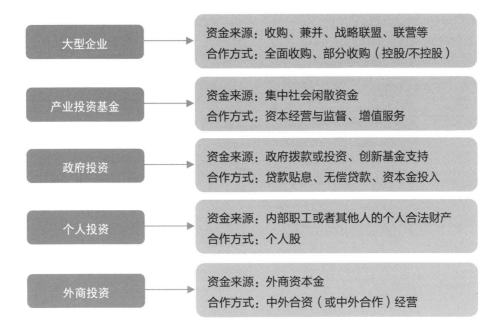

图 7-11　股权出让融资的主要途径

3. 增资扩股融资

股权增资扩股融资简称增资扩股，也可以称为股权增量融资，即通过增加股本总量来进行融资。股权增资扩股融资获得的资金属于企业自有的资本，不需要还本付息，而且财务风险也非常低，很受各类企业欢迎。根据不同的资金来源方式，股权增资扩股融资又可以分为两种方式，如图 7-12 所示。

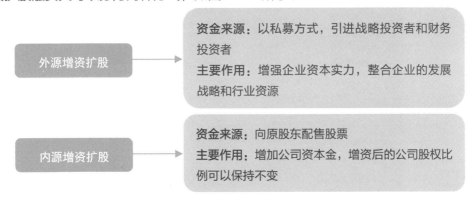

图 7-12　股权增资扩股融资的两种方式

股权增资扩股融资可以帮助企业实现明晰产权的改组目标，调整企业的股权结构，在股东之间建立有效的制约机制。下面通过一个案例来说明通过邀请出资的方式来改变原有企业的出资比例，从 5：3：2 的股权比例改变为 4：4：2，如图 7-13 所示。

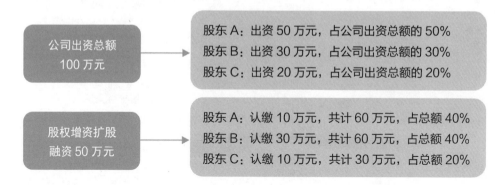

图 7-13　通过股权增资扩股融资改变企业股权结构

4. 新三板融资

新三板是指全国中小企业股份转让系统，这是经国务院批准设立的全国性证券交易场所，简称全国股份转让系统。新三板融资主要针对非上市股份有限公司，其特点是挂牌门槛低、挂牌费用少以及挂牌效率高，可为企业提供更加便捷的融资渠道，其优势如图 7-14 所示。

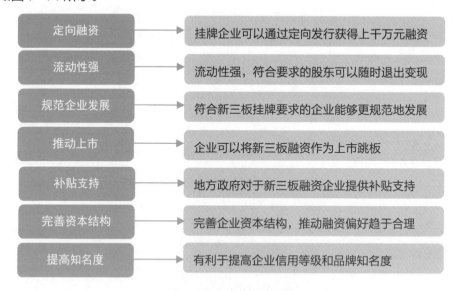

图 7-14　新三板融资的优势

企业在新三板挂牌后，不仅可以极大地提升自己的经营管理水平，而且有助于提升业绩，加速资金回笼，将收回的大量现金转化为再生产的资本金，实现良性循环。

5. IPO 上市融资

　　企业上市，这是很多创业者经营企业的最终梦想。IPO 即股份有限公司第一次将它的股份向公众出售。IPO 上市融资的主要好处如图 7-15 所示。

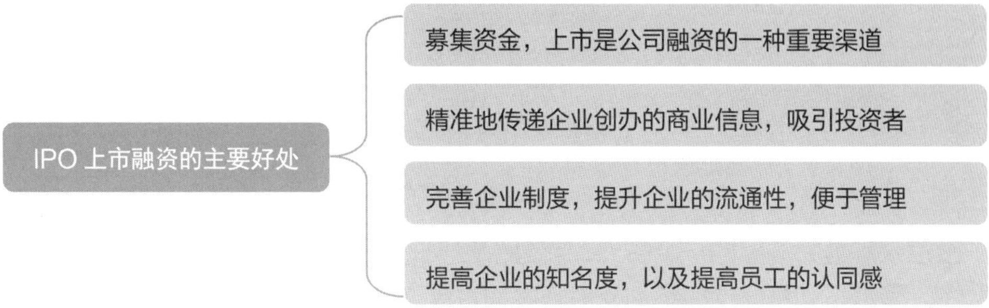

IPO 上市融资的主要好处
- 募集资金，上市是公司融资的一种重要渠道
- 精准地传递企业创办的商业信息，吸引投资者
- 完善企业制度，提升企业的流通性，便于管理
- 提高企业的知名度，以及提高员工的认同感

图 7-15　IPO 上市融资的主要好处

　　IPO 上市融资能够实现资产证券化，放大企业价值和股东价值，提高债务融资的能力，促进市场发展和企业规范运作，同时有还利于吸引优秀人才。企业上市的基本流程如图 7-16 所示。

- 企业改制重组，成立股份公司
- 上市前辅导，进行规范性培训
- 制作正式申报材料，上报申请文件
- 证监会审核文件　初审→发行委员会审核→核准发行
- 进行定价和配售，挂牌上市交易

图 7-16　企业上市的基本流程

6. 股权众筹

　　股权众筹主要是通过互联网上的股权众筹融资中介机构平台，进行公开的小额股权融资活动。投资者靠判断公司的发展前景选择是否投资入股，甚至有观点认为"股权众筹是私募股权互联网化"。

　　股权众筹可以分为无担保股权众筹和有担保股权众筹，其分类解读如图 7-17 所示。

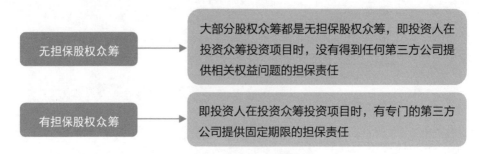

图 7-17　股权众筹的分类

股权众筹最为明显的一个特点，就是投资人的数量非常多，资金来源具有极强的分散性。随着移动互联网和移动支付技术的发展，股权众筹行业得到了前所未有的发展，不少电商巨头推出了股权众筹平台。

例如，图 7-18 所示为京东金融众筹平台上发起的项目内容必须包含"我想要做什么事情""项目风险""项目回报"以及"为什么需要支持"等信息。

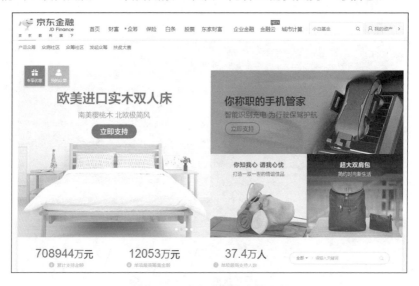

图 7-18　京东金融的众筹平台

7.2　应用实操：打破资金短缺困境

企业经营管理面临的问题和风险千变万化，不同企业所遇到的风险完全不同。因此，学习股权融资这门技能不能只停留在理论知识的阶段，更应该从实际出发，学会应用到企业实际的经营中去才是真正掌握了这门技能。本章将通过讲解融资商业计划书的制作和融资实际过程中的技巧，帮助所有企业的经营者透彻地掌握融资这门技能。

7.2.1 制作股权融资商业计划书

优质的商业计划书是企业成功获得融资的敲门砖，可以帮助创始人打开融资的大门。商业计划书是企业创始人为了实现招商融资和其他发展目标而制作的一份全方位的项目计划书，以便投资人能够全面评估企业或项目，激发他们对项目的投资兴趣，从而让创始人成功实现融资。

接下来，笔者将通过 10 个要点的解读，带领大家学习如何制作一份完善的股权融资商业计划书。

1. 基本要点

商业计划书在本质上就是一份书面材料，核心内容主要围绕需要进行股权融资的项目进行。商业计划书的提供方包括公司、企业或项目单位，受众方则包括潜在投资人、企业债券人和合伙人，并通过文字、图片等内容全面地展示公司或项目的现状、未来潜力等。

商业计划书中所列项目都是投资人感兴趣的内容，是企业浓缩的精华部分，可以反映出企业的全部面貌。此外，商业计划书还能够帮助投资人了解项目商业运作计划，并且对项目产生投资意向。

商业计划书的基本要点可以分为 10 个方面的内容，主要包括项目概要、公司介绍、资金估算、项目效益、项目介绍、项目管理、发展战略、市场分析、项目分析以及风险分析。图 7-19 所示为某企业商业计划书的目录。

图 7-19 某企业商业计划书的目录

对于投资人而言，商业计划书的意义直接体现在这份计划书是否值得投资人与创业者进行进一步的协商与合作。投资人只有通过阅读商业计划书，了解项目内容、公司团队、营销策略、财务计划等，才能知道这家企业是否符合投资人的需求。

商业计划书要想打动投资人，必须提供给投资人最感兴趣的内容，尤其是直接影响投资人未来投资收益的信息。我们可以从以下 3 点信息入手，吸引投资人的注意力。

- 你是谁？关于企业或者团队的相关内容，也是投资人首先关注的内容。
- 做什么？产品或者服务的直接价值，是否值得投资人投资。
- 怎么做？计划书中展示创业者是否有执行能力和对项目成功的把握。

在商业计划书的内容中，由 3 大要点延伸的内容也是投资人非常重视的，具体包括产品或服务的细节、创业者敢竞争的意识、深入分析和了解市场、完整的行动方针计划、强有力的管理团队、与筹资相关的摘要、详细的财务计划、妥当的退资方式。

2．主要框架

企业通过制定商业计划书，可以吸引资本市场投资人的关注，获得投资人的资金和指导。资金是企业的支柱，没有资金项目就无法启动，即使拥有优秀的技术和独特的创意也很难实现盈利的目标。

各个项目或企业的商业计划书虽然表面上千差万别，但本质上的基本结构却是一样的，主要包括摘要、主体和附录 3 个部分，如图 7-20 所示。

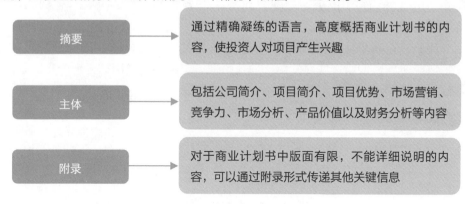

图 7-20　商业计划书的基本结构

3．市场调研

市场调研是商业计划书中打动投资人的重要内容，产品或项目是否有市场，可以直接由市场调研的内容表现出来。为获取实时的市场信息，创业者需要深入市场进行实地调查研究，制定出切实可行的计划书，写出有价值的调研报告，这是市场调研报告的基本创作过程。

市场调研报告主要有以下 3 个特点。

(1) **事实性特点**。通过调查获得真实信息，并用这种真实的信息来阐明观点。

(2) **议论性特点**。需要将调研信息进行综合分析，从而提炼出个人观点。

(3) **简洁性特点**。文字信息必须十分简洁，重要内容必须直接突出。

调研报告的语言不一定十分严肃，也可以生动活泼，但是必须是符合群众性的生动而形象的语言，词汇的选择需要谨慎且专业，尽量少用网络语言或文字。在写作过程中需要注意使用一些浅显生动的比喻，目的是通过形象生动的方式来说服阅读对象接受自己的观点。

4. 竞争优势

投资人不可能对一个毫无了解的公司进行投资，所以在商业计划书中的第一部分往往就是介绍公司和产品或者项目的信息，凸显自己的竞争优势。图 7-21 所示为某食用油产业化项目的商业计划书中的竞争优势内容。

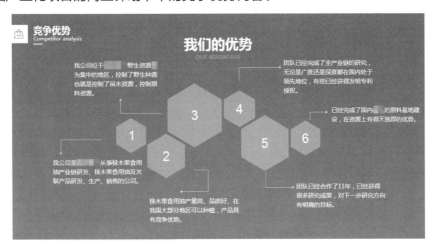

图 7-21 竞争优势内容示例

对于投资人而言，在第一时间除了了解企业的基本信息之外，还会了解企业能提供什么样的产品与服务，以及这些产品与服务是否能解决消费者的现实生活问题，从而分析产品与服务的潜在价值。直接展示项目的信息并不一定能够打动投资人，但如果在商业计划书中能够体现出一定的项目竞争力，那么投资人就会更加认可该项目。

5. 盈利模式

在市场经济中，盈利模式普遍被认为是企业或团队整合已有资源及合作者的资源，从而打造的一种实现利润、获得利润、分配利润的商业架构。商业计划书中盈利模式的写作技巧具体分析如下。

(1) **建立盈利模式的维度**。对于商业计划书的创作者而言，如果对公司或团队的盈利模式并没有深刻的认识，就必须从建立盈利模式的多个维度方面逐步进行分析，并根据实际情况创作出相关内容。

(2) **项目的商业模式展示。**商业模式就是利益相关者之间的交易结构，包括客户细分、价值主张、渠道通路、客户关系、收入来源、核心资源、关键业务、重要伙伴以及成本结构等内容，相关示例如图 7-22 所示。

需投资500万元，出让60%的公司股权。
我方转出法人、专利、各种认证等相关权限。
期望在公司整合正常运转后（3～5年），我方可以再退让20%的股份退出管理团队。

图 7-22　商业模式示例

(3) **企业的发展计划展示。**发展计划往往是企业能够成功打造盈利模式的基础条件，没有长期的发展计划展示，盈利模式就属于纸上谈兵。

(4) **项目的盈利模式展示。**企业的盈利模式以企业的发展计划为基础，具体盈利内容根据企业类型的不同而有所不同。

6. 营销策略

在互联网时代，没有营销的助力，企业就无法快速扩大其影响力，也就无法吸引投资人的注意力。在商业领域中，营销策略的基本概念为：企业以顾客需求为出发点，根据经验获得顾客需求量以及购买力的信息、商业界的期望值，有计划地组织开展各项经营活动。

可以说，在企业经营管理中，最具有挑战性的工作就是营销，同样的产品、不同的营销方法，往往能够产生不同的结果。在商业计划书中，营销策略应包括以下内容，如图 7-23 所示。

商业计划书中的营销策略内容
- 市场机构和营销渠道的选择（顺利卖出产品）
- 营销队伍和管理（确保营销策略的有力执行）
- 促销计划（向消费者或用户传递产品信息）
- 广告策略（保持和提高市场占有率）
- 价格决策（顾客需求的估量和成本分析）

图 7-23　商业计划书中的营销策略内容

7. 融资计划

在股权融资商业计划书中，将股权结构和融资规划讲清楚，不仅有助于展现创始人的风险控制能力，而且能够提高融资的成功率。

股权结构会对企业组织结构产生直接影响，需要保证合理的创始人占股比例。因此，在撰写商业计划书时需要注意以下几点。

- 合理的利益结构，以及考虑贡献的正相关因素。
- 股权结构如果不合理，应尽量在融资前进行合理调整。
- 将前面几轮融资信息说清楚，包括出资方、具体金额和出让股权等信息。

商业计划书中需要介绍融资的具体数额、融资的方式和详细使用规划等，让投资人知道创业者需要多少钱，会出让多少股权，以及后续对这些资金的安排，相关示例如图 7-24 所示。

图 7-24　融资计划示例

8. 项目进展

写好一份真正的商业计划书并不简单，尤其是项目进展部分，需要详细列明项目的优势、实施计划和进度，同时注明起止时间，让投资人看到项目的可行性。图 7-25 所示为某共享 VR 智能设备项目商业计划书中的项目优势内容。

图 7-25　项目优势示例

图 7-26 所示为某共享 VR 智能设备项目商业计划书中的项目进度内容，通过不同时期的项目详细计划展示，能够极大地提升投资人的信心，提高融资的成功率。

图 7-26　项目进展示例

专家提醒

在商业计划书中，风险问题是务必要详细说明的部分，这也是为了防止计划落实后因为风险问题而双方产生纠纷。风险因素是指能够使项目或计划产生意外风险损失的因素，往往是造成财产损失的直接或间接原因。风险因素越多，能够产生损失的可能性越大，同时导致的后果会越严重。

9. 退出途径

对于投资人而言，通过投资获得利润是其主要的目标，而商业计划书中完善的确保其盈利后的退出途径，是促使投资人投资的重要原因。在商业计划书中，创作者必须对融资资金的使用和后期资金的退出措施进行详细说明，以便投资人能够快速、清晰地了解自身的收益情况。

在商业计划书中，退出措施的内容主要包括两个方面，分别是从企业的自身条件出发，展示项目失败时的退出机制和项目成功时的退出机制。

(1) **项目失败的退出机制。**以资本保本为目标的内容展示为主，通过细节内容向投资人展示项目失败之后的损失，当然资本损失越小越好。

(2) **项目成功的退出机制。**以上市、并购、回购这 3 种退出机制的内容说明为主，向投资人展示项目成功之后的具体预定收益。

除了按照条款顺序对退出方式进行说明之外，商业计划书的创作者还可以结合公司的实际情况，利用回报率和回报方式分别加以说明。

10. 数据亮点

在商业计划书中，数据的作用是不容小觑的，尤其是计划书中数字所代表的真实意义。在商业计划书中，数字是十分常见的，其与文字的重要性等同，能够对整个商业计划书的内容起到积极表现和传达的效果。从根本意义上而言，数字就是让投资者相信商业计划书的相关内容是以某些事实作为依据的。

在商业计划书中，数字的价值首先是体现在吸引投资人的注意力方面。与文字相比，数字的形态、意义都更容易被投资人关注到，所以善于运用数字能够提高商业计划书的成功率，如图 7-27 所示。

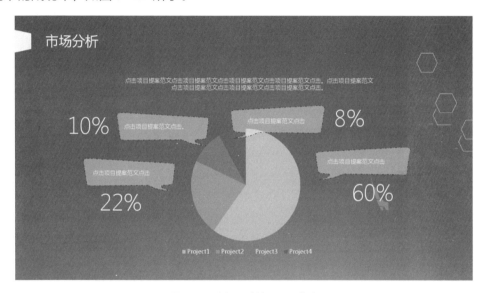

图 7-27　运用数据展现亮点

除了吸引投资人的注意力之外，在数字的价值方面，还有一个重要作用就是数字直接证明了商业计划书内容的现实基础，能够说明相关数字并不是凭空而来的，从而得到投资人的进一步认可。

专家提醒

　　在商业计划书的盈利模式方面，没有数字的支持就是属于空口无凭。必须有严格的逻辑关系，并且与盈利模式相关的数字计算，才能让投资人清楚地认识到其投资的盈利程度和可能性。

7.2.2　掌握 10 种股权融资的技巧

在实际的融资过程中，想要打动投资者获取融资资金，光靠一份完善的股权融资计划书还不够。其中还有一些融资的技巧需要大家去学习并且掌握，包括融资谈判、价值评估、资金管理等 10 种技巧，只有掌握这些技巧，才能在企业的融资过程中做到万无一失。

1. 了解行业十不投原则

企业在进行股权融资前，不是说想融资就能融资，还需要符合一些基本条件，如图 7-28 所示。

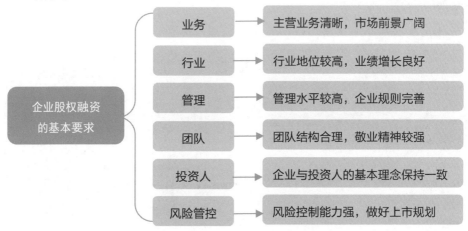

图 7-28　企业股权融资的基本要求

专业的投资人和投资机构在筛选项目时，通常有非常严格的标准，如行业中比较通用的"十不投"原则。

- 不投没有上市可行性的项目。
- 不投技术不成熟的项目。
- 不投市场容量小的项目。
- 不投没有成熟盈利模式的项目。
- 不投有重大管理漏洞的项目。
- 不投团队核心人员存在不良问题的项目。
- 不投被相关政策法规禁止的项目。
- 不投成长率达不到70%的项目。
- 不投预期的退出收益过低的项目。
- 不投有重大历史沿革问题的项目。

2. 打好股权融资的基础

当企业董事会确定要进行股权融资，并授权给具体的负责人后，还需要对自身进行基本的尽职调查工作。在必要情况下，企业还可以聘请专业的外部财务顾问或者相关的人员来协助进行尽职调查，为股权融资计划准备好商业计划书等相关资料。

尽职调查工作的内容既繁多又复杂，必须保持谨慎的心理状态，因为这关系到股东的利益分配和企业的后续发展。图 7-29 所示为尽职调查工作的基本内容。

图 7-29 尽职调查工作的基本内容

3. 对公司进行价值评估

公司估值又称为企业估值、企业评估价值等，主要是指上市或者非上市公司对其内在价值进行评估。下面以市场中最为常用的市盈率法估值为例，介绍确定企业估值和定价方案的方法。

例如，某企业承诺当年净利润为 3000 万元，且未来两年的平均增长率达到60%，并计划在最近两年内上市。假设将市盈率倍数设为 5 倍，则企业总估值为3000 万元×5＝1.5 亿元。根据融资计划预计的规模，确定投资人的股权比例为30%，则投资金额为 1.5 亿元×30%＝4500 万元。接下来再根据融资计划的实际情况，确定投资人的数量、各自的投资金额和持股数量即可。

当然，上面的案例只是采用比较简单的数据加以说明，介绍基本的企业估值方法，实际情况处理起来可能会复杂很多，需要运用大量的数据理论工具才能对企业进行准确估值。

对公司进行价值评估不是一件简单的事，也不能按照固定的模式生搬硬套。在进行价值评估时，一定要有专业的法律人士提供帮助。在估算公司盈利的持续时长时，也要考虑到公司的成长潜力，并收集可靠依据。

4. 制订明确的融资计划

企业必须制订明确的融资计划和时间计划，并且严格按照计划实施。当企业董事会确定融资计划，而且投资人也产生初步意向后，即可制订详细的融资时间计划，如图 7-30 所示。建议所有的流程在两个月至两个半月内完成。

图 7-30　制订融资时间计划流程

在企业和投资人双方达成合作意向后，即可签订投资协议，主要内容包括投资方案(持股数量、价格、投资金额、比例)、资金到位时间要求、董事/监事推荐安排、公司原有主要股东承诺内容、承诺内容出现差异时的处理方法等。

5. 确定合适的融资金额

企业可以根据自身的发展需求和现金流大小，确定合适的融资金额，同时要注意稍大于实际需求，这主要有以下 5 个方面的原因，如图 7-31 所示。

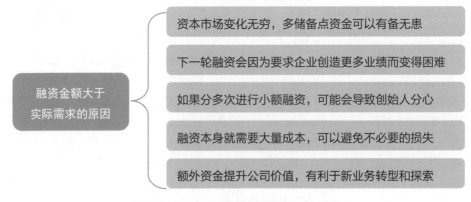

图 7-31　融资金额大于实际需求的原因

6. 明确谈判内容和要点

企业股东与投资人双方的谈判，很大程度上决定了融资能否成功。因此，有融资需求的企业掌握一定的谈判技巧，不仅能够使自己的目标利益最大化，而且也能使投资人满意。

了解融资谈判的工作流程，可以保证谈判的工作井然有序地进行。只有让投资人能够感受到专业性，才能一步步走向成功。融资谈判的工作流程主要包括以下 5 个阶段，如图 7-32 所示。

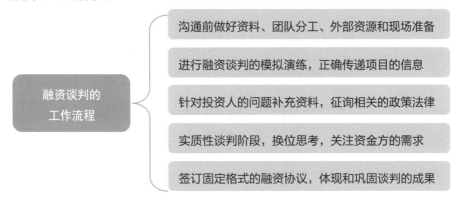

图 7-32　融资谈判的工作流程

在企业融资过程中，需要掌握一些与投资人沟通的技巧，拉近与投资人的关系，不断增强自己的信心，这样才能让融资过程变得更加顺利。图 7-33 所示为融资谈判的沟通策略。

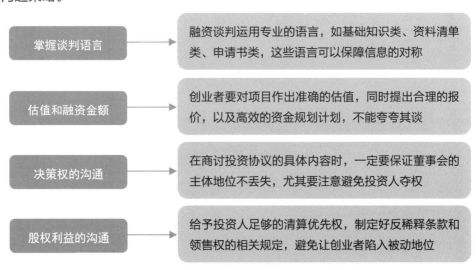

图 7-33　融资谈判的沟通策略

7. 警惕股权融资的陷阱

股权融资非常重要，做得好可以通过它组建紧密合作、高效精干的灵魂团队；做得不好，轻则团队分崩离析，重则创始人被踢出局。因此，创始人一定要注意融资陷阱，避开融资过程中的坑。

首先创始人要学会识别冒牌投资公司，可以去工商局或者通过互联网查询投资公司有没有注册登记，这是最为靠谱的方法。另外，对于那些热衷于打广告的投资公司，也不要轻易相信，不能被他们的表象所迷惑。很多公司虽然有进行工商注册登记，而且有高档豪华的办公场所，甚至取一些冠冕堂皇的名字，但创业者仍要小心辨别，不可轻易相信他们。

那些冒牌投资公司的员工素质普遍不高，缺乏相关的业务知识，只要与其进行深入的沟通，如企业的发展前景、项目的战略规划与盈利计划等，即可发现他们本身的问题。

另外一方面，这些冒牌投资公司对于自身实力也非常清楚，因此，他们更青睐于找没有相关经验的企业，从而对企业落井下石。异地行骗是冒牌投资公司常用的伎俩，这样不易被人识破。下面介绍一些常见的融资陷阱和防范方法，如图 7-34 所示。

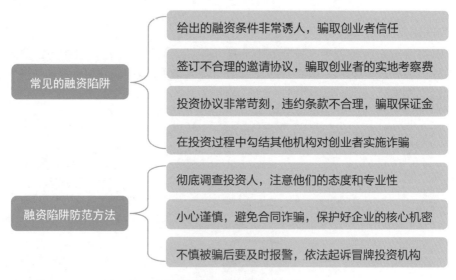

图 7-34　常见的融资陷阱及防范方法

8. 做好融资的资金管理

即使创业者成功获得了融资，其实这还只是一个良好的开端，这些融资获得的钱如何花出去才是关键。钱花不到实处，企业和投资人都会遭受损失；钱用得合理，企业才能获得快速成长。

首先，创业者要做好资金管理，不要盲目追求高档的办公场所，并控制好员工数量，用良好的薪酬制度来提高员工的工作效率，以及管理好自己的个人财务问题，减少不必要的开销。

其次，创业者要控制好花钱的节奏，让融资有规划地用到企业发展的各个环节，具体策略如图 7-35 所示。

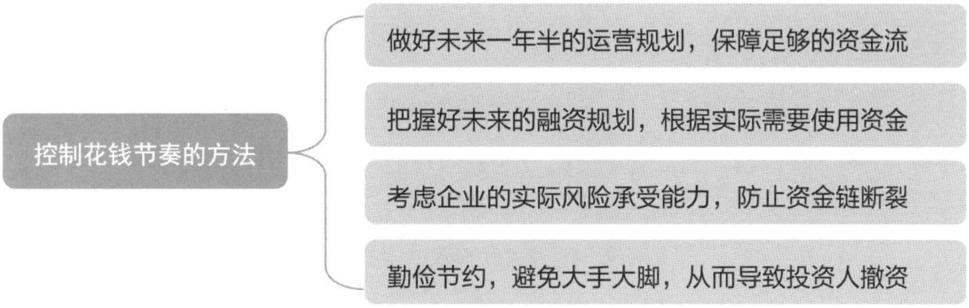

图 7-35　控制花钱节奏的方法

尤其是对于初创企业来说，资金非常紧张，因此创业者一定要按照商业计划书中原有的计划来花钱，如果情况有变的话则需告知投资人。俗话说"会花钱的人才会赚钱"，因此创业者还需要掌握一些花钱的技巧，如图 7-36 所示。

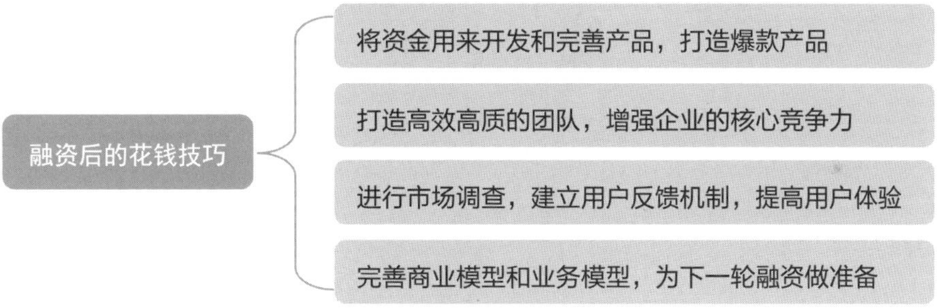

图 7-36　融资后的花钱技巧

9. 处理与投资人的关系

对于投资人来说，既然选择了创业者，就应该全力支持他，不要对他的行为指手画脚，而是应该将自己融入到企业中。投资人可以从创业者的角度来思考问题，提出的建议要中肯，消除无效的信息噪声，让创业者能够更加专注于项目的发展。

对于创业者来说，在和投资人相处时，要注意以下几个问题，如图 7-37 所示。

创业者和投资人应该齐心协力，共同推动企业的发展，并共享企业的发展成果。因此，双方在相处时，一定要保持融洽的关系，通过良好的互动达到共赢。

10. 抓牢公司的主导权利

创业者对于融资后的股份分配要深思熟虑，一定要让自己掌握绝对的控股权，控制住公司的董事会和经营管理决策权，避免自己被踢出局。随着公司的多轮融资，创业者的股权被不断稀释，此时如何才能抓牢公司的控制权呢？下面介绍一些相关的技巧，如图 7-38 所示。

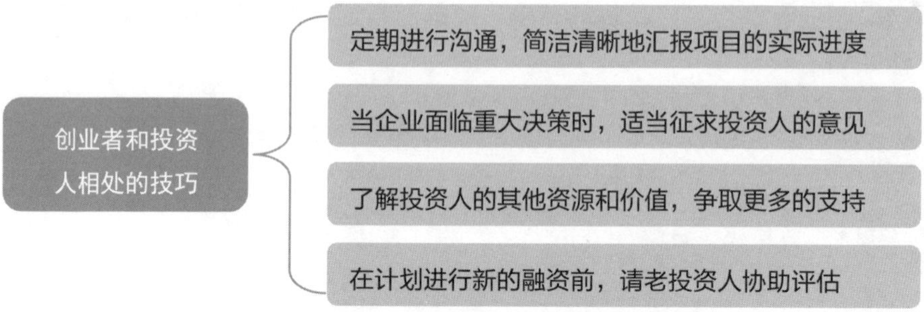

创业者和投资人相处的技巧
- 定期进行沟通，简洁清晰地汇报项目的实际进度
- 当企业面临重大决策时，适当征求投资人的意见
- 了解投资人的其他资源和价值，争取更多的支持
- 在计划进行新的融资前，请老投资人协助评估

图 7-37　创业者和投资人相处的技巧

抓牢公司控制权的相关技巧
- 股权比例要合理控制，设计合适的股权结构
- 使用虚拟股权来激励内部员工，不影响实股
- 创始人将小股东的表决权归集到自己手中
- 采用有限合伙持股的形式，让股东成为有限合伙人
- 赋予创始人"一票否决权"，做为保护性条款
- 控制董事会的主要席位，有效地介入企业的经营管理

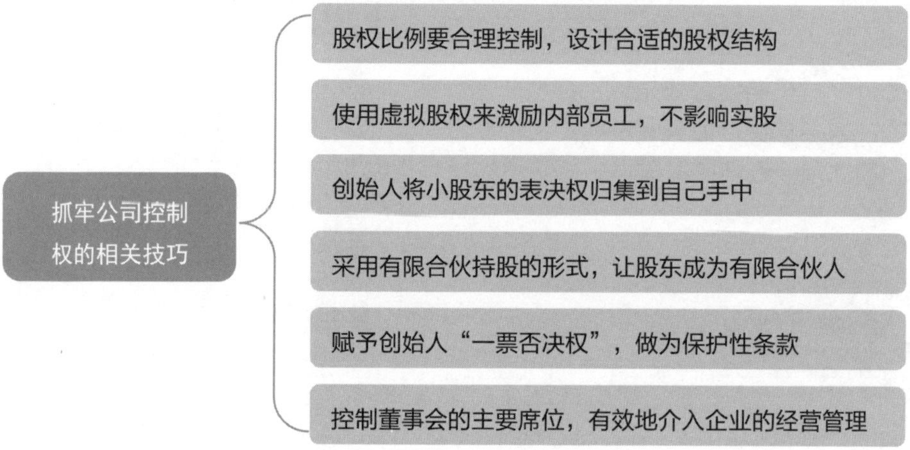

图 7-38　抓牢公司控制权的相关技巧

第 8 章

投资：获取最大利益

股权投资是投资人为获取丰厚利润而购买目标企业股权的行为，是一种高风险、高收益的行为，也是创业者在股权架构设计过程中必不可少的环节。

本章将为大家介绍天使投资、风险投资和私募股权投资 3 种常见的股权投资方式，帮助有意从事投资行业的读者降低投资风险，获取较为丰厚的利益。

8.1 天使投资：帮助理想成为现实

天使投资是指拥有一定财富的个人，对具有高潜力的初创企业进行直接投资，从而获得一部分股权的投资方式。这种投资方式属于个人自发的行为，因此具有比较高的风险，这些个人被称为"天使投资人"，而进行投资的资本被称作"天使资本"。本节我们就来了解这种可以帮助人们实现理想的投资方式。

8.1.1 天使投资的五种主流运作模式

天使投资人对于商机的嗅觉非常灵敏，有时候创业者的想法只是一纸计划，天使投资人就会对这些想法进行评估，当他们觉得其潜力和价值值得冒险的时候，就会变成天使，帮助创业者实现梦想。根据项目投资资金的大小，天使投资可以分为以下 3 种类型，如图 8-1 所示。

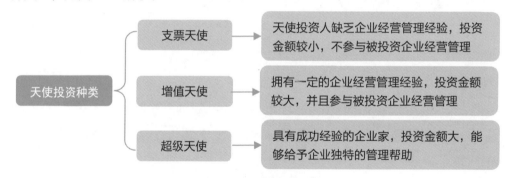

图 8-1 天使投资种类

天使投资的种类简单来说，就是当创业者拥有一个不错的创意时，可以通过天使投资获得 1 万~5 万美元的投资；当创业者拥有一款早期产品和创业团队时，可以通过天使投资获得 10 万~50 万美元的投资；当创业者的企业已经开始运营并且有了客户基础时，可以通过天使投资获得超百万美元的投资。

我们非常熟悉的企业谷歌，在创始人仅仅拥有一个创意，没有成立公司的情况下，就得到天使投资人 10 万美元的支票。

除了资金支持，天使投资还可以为初创企业提供不同方面的帮助。一般优秀的天使投资人，大多是企业高管和资深人士，他们对于企业有自己独特的经验和见解，可以帮助初创企业避免犯一些方向性和原则性错误，帮助企业更好地渡过初创期。因为有这些天使投资的存在，可以吸引更多年轻人才前往初创企业工作，形成一种良性循环。

天使投资具有多种不同的模式，对企业发挥着不同的作用。具体来说，天使投资包括天使投资人、天使投资团队、天使投资基金、孵化器形式的天使投资 4 种主流运作模式。

1. 天使投资人

天使投资人一般是专注于投资行业的资深人士，拥有丰厚的资金或者资金来源。在美国，规定天使投资人必须拥有 100 万美元的净资产，至少 20 万美元的年收入，这种规定也是为了防止资金链断裂给投资人和企业带来不同程度的亏损。

在我国，随着天使投资行业的不断发展，也涌现了一批耳熟能详的天使投资人，包括一些拥有发展眼光的富二代，也慢慢走上了天使投资人的道路。我国天使投资人主要有以下两类，如图 8-2 所示。

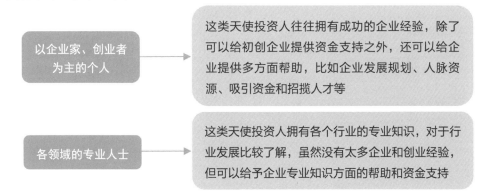

图 8-2　我国天使投资人分类

2. 天使投资团队

个人的力量是有限的，天使投资人资金和时间有限，个人也无法承担整个企业的评估工作，所以会有较高的概率投资失败。因此，一些天使投资人自发地组建了一个团队，在团队内承担不同的分工，交流行业和投资经验，合作共赢。

天使投资团队可以降低投资失败的概率，由团员共同承担投资失败的风险。团队拥有更多的资金和渠道，对初创企业也能进行更加全面的评价。我国近年来也有不少天使投资团队出现，大多是以俱乐部的形式发展起来的。包括上海天使投资俱乐部、深圳天使投资人俱乐部、中关村企业家投资联盟等。

3. 天使投资基金

天使投资基金也是由于天使投资人的局限性而产生的机构化天使投资，通过基金组织的形式联合天使投资人，发挥各自的优势，展现自己的专业知识和人脉资源，使天使投资得到进一步的发展。

天使投资基金使天使投资走向正规途径，扩大了整个天使投资的规模，使越来越多的企业加入天使投资的行列中来，资金规模也日益扩大，让一批批初创企业得到如甘霖般的滋润。在我国，现阶段个人天使投资虽然没有得到充分发展，但拥有更多资金、更专业化的团队、更高效的组织形式的天使投资基金却得到了蓬勃发展，如青山资本、天使湾基金、今日投资等天使投资基金。

4. 孵化器形式天使投资

孵化器是指通过创办科技园区为新兴的高科技企业提供技术与设施，鼓励创业者踊跃创业，降低创业风险和成本，促进科技行业的发展，培养成功的企业和企业家。

孵化器就类似于天使投资，它可给具有潜力的初创企业提供一定的启动资金、相应的配套设施、价格低廉的办公产地等帮助，在企业刚起步的经营过程中也会给予一定的指导和帮助。根据科技部办公厅 2010 年印发的《科技企业孵化器认定和管理办法》(国科发高[2010]680 号)对于孵化器的主要功能和发展目标作出了以下规定。

> 第二章　主要功能和目标
>
> 第四条　孵化器的主要功能是以科技型创业企业(以下简称在孵企业)为服务对象，通过开展创业培训、辅导、咨询，提供研发、试制、经营的场地和共享设施，以及政策、法律、财务、投融资、企业管理、人力资源、市场推广和加速成长等方面的服务，以降低创业风险和创业成本，提高企业的成活率和成长性，培养成功的科技企业和企业家。
>
> 第五条　孵化器的发展目标
>
> 1. 落实自主创新战略营造适合科技创业的局部优化环境，培育高端的、前瞻的和具有带动作用的战略性新兴产业的早期企业，贡献于区域产业升级和经济结构调整，促进经济增长方式转变。
>
> 2. 落实人才强国战略。以孵化器为载体，以培养科技创业人才为目标，构建并完善创业服务网络，持续培养、造就具有创新精神和创业能力的创业领军人才，吸引海内外科技创业者服务于创新型国家建设。
>
> 第六条　鼓励大型企业、科研机构等建立专业孵化器，形成专业技术、项目、人才和服务资源的集聚，促进传统产业的技术升级和经济结构调整，提升行业竞争力。
>
> 专业孵化器是指围绕特定技术领域或特殊人群，在孵化对象、服务内容、运行模式和技术平台上实现专业化服务的孵化器。

我国的孵化器有高新区、科技园、创业园等系列，其中比较典型的代表有创新工厂等。现阶段孵化器与天使投资融合发展主要有以下两种模式，如图8-3所示。

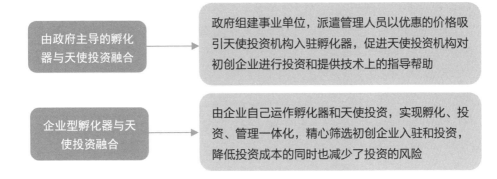

图 8-3 孵化器与天使投资融合发展模式

5. 投资平台形式天使投资

随着互联网时代的到来，各大应用平台和终端都开始对外部开放接口，吸引了大量创业团队和企业基于平台进行创业，包括围绕游戏和应用平台产生了大量游戏和应用。这种新兴的创业方式成本较低，发展潜力较大，因此许多创业者趋之若鹜。

企业提供平台供创业者开发产品，企业可以获得平台价值提升，创业者可以得到一个早期成形的产品，并且经过平台检验是否符合大众的兴趣爱好。还有许多平台为了吸引创业者，提供平台创业基金，对其中有潜力的个人和团队进行投资，给予他们丰厚的平台资源。这种方式对双方而言，都能以最低的成本获取最大的利润。

8.1.2 天使投资运作的实际操作步骤

在当下这个时代，天使投资大都倾向于投资高风险、高收益的高科技产业。因此，为了最大限度地降低发生风险的可能性，天使投资人会尽可能地优化投资流程，使其更加精细化。接下来，我们就来熟悉并且掌握天使投资运作的实际操作步骤，通过优化流程来降低投资风险。

1. 项目筛选

我们可以将投资的项目筛选当作赛马，赛马主要是挑选马和骑手，项目筛选关注的也是项目和创业团队。天使投资人一般会收到大量各行各业的商业计划书，如何从这些商业计划书中找到真正切实可行的潜力项目是项目筛选的主要目的。其实，大多数商业计划书并没有投资价值，想要找到有价值的项目就好像大浪淘沙。

因此，检索项目中的关键信息十分重要。大部分投资人在筛选项目时都会考虑以下6个问题，这也是创业者在商业计划书中需要着重体现出来的关键信息，如图8-4所示。

在确定投资项目之前，天使投资人往往会约见创业者，进行一场正式的对话。其主要目的是投资人希望得到一些商业计划书中没有体现的信息，比如考察创业者是否具有领导力，是否拥有良好的谈判能力等。对于没有被选中的项目，天使投资人会给予一些建议和想法，创业者也可以根据投资人的建议调整计划，进行二次投递。

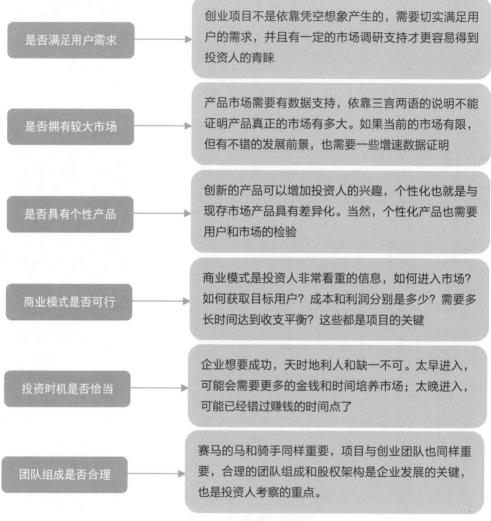

是否满足用户需求 → 创业项目不是依靠凭空想象产生的，需要切实满足用户的需求，并且有一定的市场调研支持才更容易得到投资人的青睐

是否拥有较大市场 → 产品市场需要有数据支持，依靠三言两语的说明不能证明产品真正的市场有多大。如果当前的市场有限，但有不错的发展前景，也需要一些增速数据证明

是否具有个性产品 → 创新的产品可以增加投资人的兴趣，个性化也就是与现存市场产品具有差异化。当然，个性化产品也需要用户和市场的检验

商业模式是否可行 → 商业模式是投资人非常看重的信息，如何进入市场？如何获取目标用户？成本和利润分别是多少？需要多长时间达到收支平衡？这些都是项目的关键

投资时机是否恰当 → 企业想要成功，天时地利人和缺一不可。太早进入，可能会需要更多的金钱和时间培养市场；太晚进入，可能已经错过赚钱的时间点了

团队组成是否合理 → 赛马的马和骑手同样重要，项目与创业团队也同样重要，合理的团队组成和股权架构是企业发展的关键，也是投资人考察的重点。

图 8-4 项目筛选关键问题

2. 尽职调查

当计划书和会面都通过之后，天使投资人就会开启一系列调查过程。如果创业者已经开始正式运营企业，投资人一般会进行实地考察，考察的主要内容包括商业计划书的真实性、企业产品研发过程、企业文化等。实地考察可以帮助投资人深入了解企业，通过与员工、研发人员的交谈，也可以掌握企业最新的发展情况。

如果创业者还没有正式开始运营企业，投资人会对产品以及创业团队更加看重。他们一般会通过与团队成员的交谈，深入了解他们是否具备成功创业的必备特征，以此来增强投资人的自信心。

3. 项目估值

天使投资人对于项目的估值是一个复杂的过程，并且对刚起步的企业也无法做到准确估值。因此，一般会采用以下几种方法进行项目估值。

(1) **资金需求估值**。这是最简单最直接的估值方法，从创业者需要多少钱，出让多少股份就可以推出企业的大概价值区间(浮动一般在 20%)。当然，这种估值的方法会导致双方后续需要进行长时间的谈判，最终确定项目估值。

(2) **团队价值估值**。这种估值方法相当于投资人直接投资整个创业团队，而不是项目产品，根据创业团队之前的表现评估项目价值。项目的产品和人才同样重要，即使产品不算出众，能够得到一个现成的优秀团队，也是值得投资的。

(3) **参考同类项目**。根据市场上同类型的项目进行估值，但这种方法存在的问题在于两家企业的商业模式和团队理念不可能完全相同，所以估值并不准确，只能起到参考作用。

(4) **回本周期估值**。通过商业计划书中的回本周期推算项目价值，对项目价值作出初步判断。

早期的项目投资估值无法做到完全准确，在后续的企业经营和融资过程中需要一步一步纠正，最重要的，还是投资人是否选择投资。

4. 协议谈判

天使投资人与创业者的谈判主要聚焦于投资金额、股权分配、团队激励、是否参与管理和确保投资人能顺利退出等方面。投资人希望项目能够成功，获取丰厚收益并且顺利退出，而创业者希望能够得到资金启动项目，并且成功创业。所以，双方的利益是一致的。

但是，投资者无法时刻监督项目的进展，无法实时了解创业团队对项目是否努力用心。因此，需要设置一些协议和条款对创业团队进行限制和要求。比如，要求项目在不同阶段需要达到不同的业绩要求，以及及时汇报项目进展等。

双方在确定最终的项目估值之后，投资人需要确定投资金额和股权比例。天使投资一般会采用分期投资的方式，所以还需要确定后续的投资时间和投资金额。

5. 投后管理

投资后是否参与企业的经营管理是根据投资人的需求来确定的，有的投资人希望参与到公司的经营中去，时刻监督项目的进展；而有的投资人则只想享受分红权，不愿插手企业的经营管理。

大部分天使投资人更愿意参与企业的经营管理，因为大部分创业者不仅缺乏资金，也缺乏创业的经验和项目管理的经历，需要天使投资人给予一定的指导帮助。

天使投资人也会帮助企业进行市场开发，以及规划后续的企业融资和股权架构设计，这些都可以在一定程度上增强创业者的信心，从而增加企业成功的可能性。

6. 资金退出

天使投资人的最终目的是获取企业的分红和退出时获利，从投资到退出这是一个完整的天使投资过程。通过对不同企业或者项目的投资来获取资本持续增值是职业投资人的工作目标。天使投资人的退出方式主要包括以下几种，如图 8-5 所示。

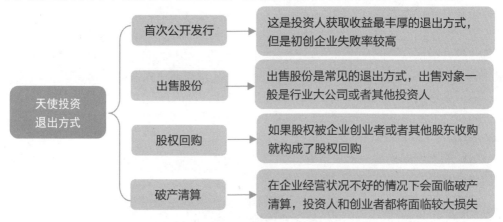

图 8-5　天使投资的退出方式

天使投资是一场未知的冒险，投资人难以准确预测一个项目或者企业是否能够获得高额的回报。因此，投资人需要不断地调整并优化整个天使投资的流程，做到更加精细才能提高投资成功的可能性。

8.1.3　熟练掌握天使投资的进阶技巧

想要在投资领域有所成就，需要长时间的积累、磨炼。通过不同阶段的自我提升，从心态到认知，都需要经过时间和投资经历来打磨。创业是修行，投资也是修行，意味着只要坚持就可以不断地保持进步。

股权投资不同阶段的投资方式不同，而天使投资是初创企业赖以生存的资金来源，它决定了企业能否启航和早期发展阶段能否获得成果，如图 8-6 所示。从图中可以看出，天使投资作为启动资金可以帮助初创企业从死亡谷发展到收支平衡，因此才会有接下来的第二轮、第三轮投资。

因此，在不同的阶段投资人都需要学习并掌握一些进阶小技巧，在投资的过程中，精准挑选潜力团队和项目，提高投资成功率，获取高额回报。图 8-7 所示为天使投资的进阶技巧。

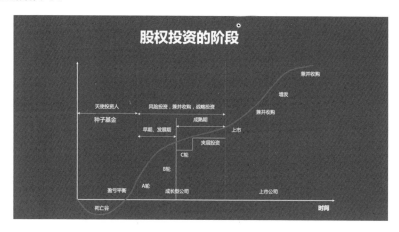

图 8-6　股权投资的阶段

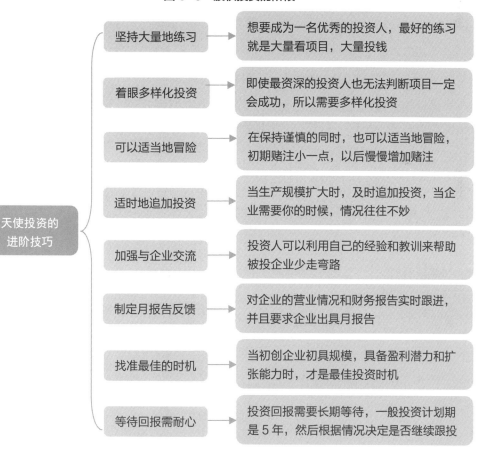

图 8-7　天使投资的进阶技巧

8.1.4 预知天使投资发展趋势与瓶颈

我国天使投资发展得并不充分，所以仍有广阔的发展空间。对于投资人来说，提前掌握天使投资的发展趋势十分重要。一方面，可以提前防范未知风险；另一方面，可以抢占先机，提早入场获取资源。图8-8所示为天使投资未来的发展趋势分析。

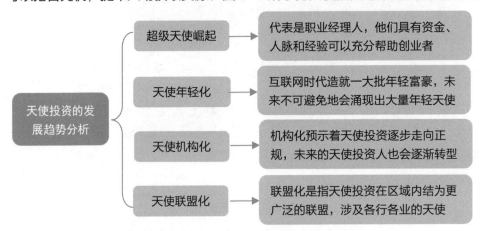

图8-8　天使投资的发展趋势分析

当然，天使投资在发展的过程中不可避免地会遇到瓶颈。这些发展瓶颈是整个投资行业都有可能遇到的，如图8-9所示。投资人和创业者只有真正了解和掌控天使投资，才有可能突破瓶颈，将天使投资带上新的台阶，走上一条共同成长、合作共赢的康庄大道。

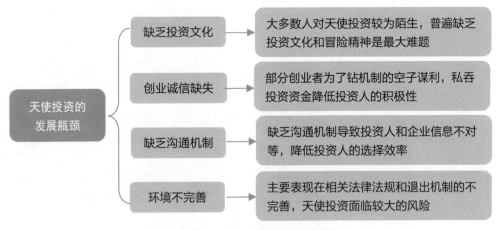

图8-9　天使投资的发展瓶颈

8.2 风险投资：追求长期利润收益

风险投资是指专业从事投资行业的人员对缺乏启动资金，但拥有核心技术和市场前景的创业者注入资金，换取企业部分股份的投资行为。一旦创业失败，风险投资的资金损失由投资人独自承担，风险投资的侧重对象也偏向于拥有技术、产品和市场需求的企业。

风险投资的投资人以投资为生，他们以追求高额利润为目标，甘愿冒巨大风险，并且不断将获得的利润回报继续投资，实现资金的循环增值。投资人一般会采取组建专业团队的方式来评估投资风险以及参与被投企业的经营与管理，并以此来降低整个投资的风险。

8.2.1 熟悉风险投资的方方面面

风险投资具有强大的生命力，对于促进市场经济发展、推动科技创新和实现制度改革等方面都有突出作用。随着经济的发展和风险投资制度的完善，风险投资将会起到更加重要的作用和展现更加蓬勃的生命力。接下来，让我们走进风险投资的世界，学习和了解风险投资的方方面面。

1. 风险投资的要素

风险投资主要包含风险资本、风险投资人、投资对象、投资期限、投资目的和投资方式六大要素，以下是具体分析，如图 8-10 所示。

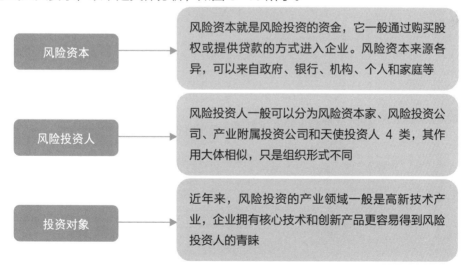

图 8-10　风险投资六大要素分析

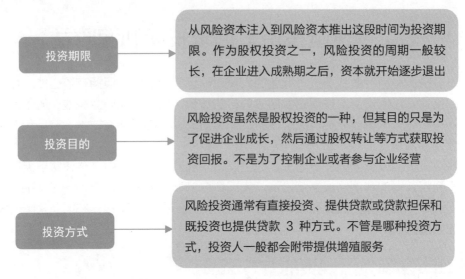

投资期限	从风险资本注入到风险资本推出这段时间为投资期限。作为股权投资之一，风险投资的周期一般较长，在企业进入成熟期之后，资本就开始逐步退出
投资目的	风险投资虽然是股权投资的一种，但其目的只是为了促进企业成长，然后通过股权转让等方式获取投资回报。不是为了控制企业或者参与企业经营
投资方式	风险投资通常有直接投资、提供贷款或贷款担保和既投资也提供贷款 3 种方式。不管是哪种投资方式，投资人一般都会附带提供增殖服务

图 8-10　风险投资六大要素分析(续)

2. 风险投资的特点

风险投资是由资金、投资人、技术、管理、人才等共同组成的投资活动，它也包含以下 6 个特点，如图 8-11 所示。

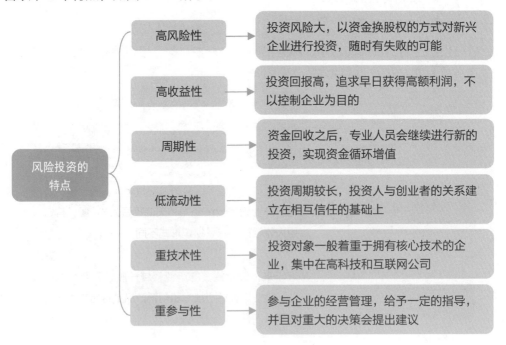

	高风险性	投资风险大，以资金换股权的方式对新兴企业进行投资，随时有失败的可能
风险投资的特点	高收益性	投资回报高，追求早日获得高额利润，不以控制企业为目的
	周期性	资金回收之后，专业人员会继续进行新的投资，实现资金循环增值
	低流动性	投资周期较长，投资人与创业者的关系建立在相互信任的基础上
	重技术性	投资对象一般着重于拥有核心技术的企业，集中在高科技和互联网公司
	重参与性	参与企业的经营管理，给予一定的指导，并且对重大的决策会提出建议

图 8-11　风险投资的特点

3. 风险投资与银行贷款

虽然风险投资也会提供贷款或者贷款担保，但它与银行贷款有本质区别。具体来说，风险投资与银行贷款有以下几种本质区别，如图 8-12 所示。

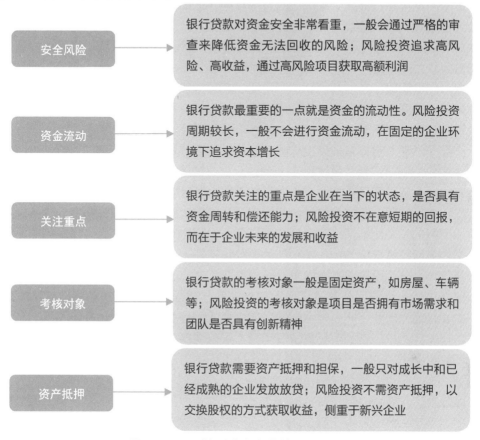

安全风险	银行贷款对资金安全非常看重，一般会通过严格的审查来降低资金无法回收的风险；风险投资追求高风险、高收益，通过高风险项目获取高额利润
资金流动	银行贷款最重要的一点就是资金的流动性。风险投资周期较长，一般不会进行资金流动，在固定的企业环境下追求资本增长
关注重点	银行贷款关注的重点是企业在当下的状态，是否具有资金周转和偿还能力；风险投资不在意短期的回报，而在于企业未来的发展和收益
考核对象	银行贷款的考核对象一般是固定资产，如房屋、车辆等；风险投资的考核对象是项目是否拥有市场需求和团队是否具有创新精神
资产抵押	银行贷款需要资产抵押和担保，一般只对成长中和已经成熟的企业发放放贷；风险投资不需资产抵押，以交换股权的方式获取收益，侧重于新兴企业

图 8-12 风险投资与银行贷款的本质区别

4. 风险投资的 4 个阶段

一般高新技术的产业化发展可分为技术发明与创造、技术创新、技术扩散和工业化生产 4 个阶段，在技术发展的每个阶段都需要资金配合生产。由于不同的阶段需要资金的性质和规模是不相同的，所以可以将风险投资也分为以下 4 个阶段。

(1) 种子阶段。技术在发明和创造阶段需要的资金较少，一般从创意到实验室样品，再到成形样品这个时期的资金是由创业团队自己共同筹集的。但是，从成形样品到样品再进一步到产品这个时期就需要新的资金注入了。在这个时期通常可以申请自然科学基金，如果还不够的话，就需要找专业的风险投资人或者风险投资机构。

创业团队仅仅依靠成形样品是很难打动投资人的，一般需要样品再配以专业的商业计划书以增加吸引风险投资的可能性。经过考察之后，投资人决定注入资金，这时候的风险资本就被称为种子资本，投资人和创业团队会共同组建一个股份公司，各自占有一定的股份。

这个时期风险投资人会面临比较多的风险，比如技术不过关，无法形成产品或者企业经营管理不善，导致亏损等。虽然这个时期，风险投资人出资只占全部风险投资的 10%左右，但这种刚成形的企业不确定因素多且获取回报时间长，所以投资人一般会进行较为严格的限制并提出更高的回报要求。

(2) **创建阶段。** 在技术创新这一阶段，产品一般已经成形，准备进入市场试销。这时候企业主要的工作是测试产品原形、进一步解决技术问题、完成企业规划和组织企业管理机构、产品进入市场试销、做好市场分析等几项。

产品虽然进入市场，但还没有显著收益，需要的资金会显著增加，这一阶段的风险资本被称为创业资金。风险投资人会结合企业的组织和管理机制、市场的分析报告来考察投资对象是否具有市场竞争力和存活率，然后决定是否继续追加投资。

(3) **成长阶段。** 在技术扩散阶段，因为需要扩大生产规模和开拓市场，所以在这一阶段所需的投资比前两个阶段更多。当企业发展到一定规模之后，资本的主要来源是原来的风险投资继续增加投资和新的风险投资加入，还包括销售产品的资金回收和银行贷款，这一阶段的资本被称为成长资本。

这一阶段，企业面临的主要风险已经不在技术层面了，而是市场风险和管理风险。主要是因为创业团队是技术创业，对企业的管理和市场的营销并不熟悉，在继续研发新技术还是挖掘新的市场需求等问题上难以抉择。随着企业规模逐渐扩大，管理方面的劣势会更加凸显，如何在保持先进技术的同时占领更多市场也是亟须解决的关键问题。

风险投资人或者风险投资机构在这个时期需要积极评估风险，派遣专业人员加入董事会，参与企业的重大决策。还可以通过提供管理方面的咨询和更换管理人员等方式来降低风险。处于成长阶段的企业利润率在逐渐降低，风险投资在帮助企业继续增长价值的同时，也应提前做好退出的准备。

(4) **成熟阶段。** 当产品进入工业化生产阶段，资金的需求量更大，这一阶段的资金被称为成熟资本。但是，风险投资一般不会继续增加投资了。一方面是因为产品销售会带来资金回笼；另一方面是因为企业可以通过银行贷款、发行债券和发行股票等方式筹集资金。

随着企业稳定运营，各种风险都会降低，相应的利润也会降低。因此，对于风险投资人来说，步入成熟阶段的企业吸引力已经不大了。一般的风险投资人或者风险投资机构会在这个时期选择收获，逐步退出企业。这个时期，也是企业股权价格的高点，对其他股东有较大吸引力，所以会有不错的股权出售价格。风险投资的退出必须果断，不要过多地犹豫，犹豫有可能会错过最佳退出时机。

8.2.2 揭秘风险投资的运作程序

企业想要获取风险投资并不容易，风险投资人或者风险投资机构一般会收到很多商业计划书，但只能在成百上千份计划中筛选 10～20 份加以审查。当然，这些项目并不会全部成功。假设这些计划中有两个项目可以成功获取高额利润，那么一个项目从被认可到被投资，再到成功的概率只有不到 2%。

因此，创业者想要从中脱颖而出并且获得成功，首先需要了解风险投资的运作程序。尽管各家风险投资公司的体制和运作程序不同，但大体都会经历以下几个步骤。

1. 初级审查

风险投资人平时的主要工作包括筹集资金、管理资金、寻找投资对象、投资管理等。互联网时代来临之后，风险投资人已不用耗费大量时间去寻找投资项目了，可以将更多的时间花在管理已经投资的资金方面。因此，在投资人得到成百上千份计划书之后，一般只会花很短的时间浏览关键信息，了解商业模式，以判断这份计划是否有值得投资的可能性。

因此，在初级审核过程中，如何凸显计划亮点是创业者需要着重思考的问题。当商业计划书成功吸引到投资人之后，投资公司就会将相关人员聚到一起进行讨论磋商，得到大部分与会人员的同意就会约见创业者进行面谈。

这场会面是关系创业者和商业计划生死存亡的关键，创业者在会面中的表现十分重要。除了需要凸显项目的优势和市场的需求之外，还需要对企业文化和创业精神进行着重阐述，二者同样重要。

2. 次级审查

初级审查通过之后，双方即可达成初步的合作意向。风险投资机构接下来会对项目和企业经营情况进行深入考察和仔细评估，其中包括项目的技术、市场潜力、技术骨干和管理团队等方面。通过与潜在的客户进行探讨、咨询相关技术专家和与管理团队进行会谈等方式来完成次级审查程序。

另外，风险投资机构会通过与员工交谈、核实仪器设备和项目渠道的报价、审查企业的股权结构等方式来评估企业创始人个人的风险并得出结论。次级审查除了精确的数据核算，感性评价也占有一定的比重。所以说，投资也是一门艺术。

3. 签订协议

审查阶段完成之后，即可进入为期几个月的估价和协议谈判阶段。协议涉及的内容包括项目预算、股份比例、技术人员、管理团队和退出机制等。对于双方而言，都需要明确这些信息内容，提前做好限制和规划，以避免之后在合作中出现裂痕。

风险资本机构一般会通过评估项目风险来决定投资回报，根据商业计划估算未来

3~5 年的项目收入，然后再根据技术、团队、产权和进展来评估面临的风险，选择合理的折现率计算出企业的净现值。结合企业对自己的价值估算，二者通过谈判可以最终确定企业价值。影响企业价值的因素有很多，最主要的是以下 4 种，如图 8-13 所示。

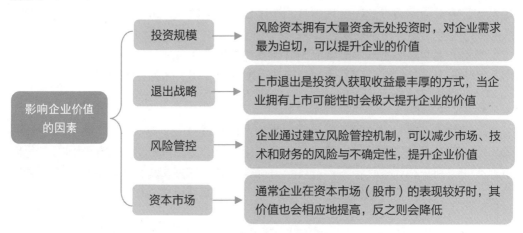

图 8-13　影响企业价值的因素

4. 投后监管

风险投资生效后，拥有企业股权的风险投资人可以要求在董事会中占有一席之地，其目的在于参与企业的运营、了解项目的进展、定期审查财务报告等。当然，风险投资人一般拥有多家企业的资本，所以往往只会在企业扮演咨询师的角色，主要就改善企业的经营状况以获取更高利润提出建议。凭借投资人对行业的熟悉，可以给予企业很多方面的指导。

另外，如果投资人想要加强对企业的控制，可以在协议中加入更换管理人员、接受合并与并购等条款。

5. 其他事宜

有些风险投资机构在资本注入时，会以换取优先股的形式入股。投资机构有权在扩大其所有权，以及当企业面临清算时拥有优先清算的权利。同时，很多风险投资机构为了减少风险，会采用多家一起投资同一项目的方式，这样做一方面可以分散风险；另一方面也可获得更多的资源，加快企业的发展速度。

当企业的经营状况面临危机时，风险投资机构有权干预甚至完全接管企业的经营管理。在发生重大变动的情形下，可以重新组建管理团队替换原来的团队。

风险投资的退出主要有首次公开发行、股份收购和破产清算 3 种方式。退出方式是风险投资成功与否的标志。一般在投资之前，风险投资机构就制定了退出的具体策略，如果能达到规划退出的时间点和利润就是一次成功的风险投资。

创业者往往拥有核心技术和创业团队，却缺乏资本和管理经验。而高科技的投资本身是一种高风险的项目，所以很难在一般的投资市场筹集资金。在技术还没有带来实际收益时，也很难从银行贷款，无法发行债券和股票，这造成许多优秀的创意无法得到实践。风险投资就是为了解决这一类问题而应运而生的，创业者可以好好利用这项资本，充分发挥自己的才能和创意。

8.3　私募股权投资：提供企业专业技能

私募股权投资是针对非上市企业进行的权益性投资，主要是通过私募的方式筹集资金。私募股权投资主要是通过投资换取企业的股权，并不是债权性投资。因此，私募股权投资在选择投资对象时，会看重企业的发展潜力和企业的成长性。当被投资企业成熟之后，私募股权就会出售股权获取高额收益。

8.3.1　私募股权投资的基础知识

私募股权投资是当下最火的投资方式之一，国内外许多企业背后都有它们的身影。特别是对很多中小型企业来说，私募股权投资几乎是它们最适合的融资方式。接下来，笔者将带领大家走进私募股权投资的大门，给大家在以后的创业过程中提供一条捷径之路。

1. 私募股权投资的作用

私募股权投资是一种独特的投资模式，是具有高风险、高投入和高收益特点的投资方式。私募股权投资主要是依靠个人关系、行业协会或者中介机构向企业进行投资或者募集资金，一般不涉及公开的市场操作。对企业来说，它主要有以下 3 种作用，如图 8-14 所示。

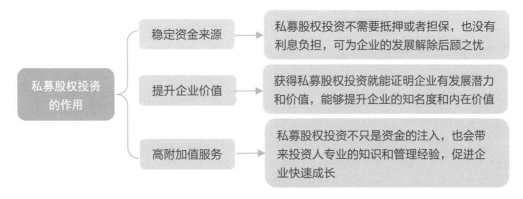

图 8-14　私募股权投资的作用

2. 私募股权投资的特征

私募股权投资有资金来源广泛、投资回报率高、无须暴露细节、投资期限较长、采取有限合伙制、多投资私有企业、采取权益性投资、退出渠道多样等特征，具体如图 8-15 所示。

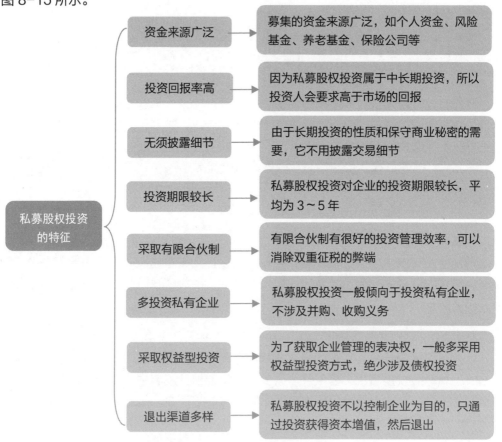

图 8-15　私募股权投资的特征

3. 私募股权投资的分类

私募股权投资的分类是根据企业发展阶段来划分的，主要可以分为创业资本、成长资本、并购资本、夹层投资、上市前基金(Pre-IPO)投资和私募股权投资的一种方式(private investment in public equity，PIPE)投资，具体分析如下。

(1) 创业资本。创业资本主要集中在高新技术领域的创新项目和初创企业，这些项目和企业拥有高潜力和广阔的发展空间。但是，由于企业刚起步，所以会面临技术、财务、市场等诸多不确定的因素，因此投资人会冒很大的风险。当然，高风险的同时也意味着丰厚的投资利润，这也是投资能够持续下去的主要原因。

（2）**成长资本。**成长资本的投资对象是已经渡过初创期发展至成长期的企业。这个时期，企业的项目已经初步走向市场，产品也带来了一定的收益。成长期企业构建的商业模式已经得到实践检验并且依然拥有良好的成长潜力，投资风险逐渐降低，利润依旧可观。成长资本的投资规模通常为 500 万~2000 万美元，可以在 2~3 年内寻求 4~6 倍的回报。

（3）**并购资本。**并购资本是指专注于投资企业并购的资本，通过收购目标企业的股权，获得对企业的控制权。然后，对企业进行一系列重组改造，提升企业价值，持续一段时间后通过溢价出售的方式取得利益。

并购资本一般选择成熟的企业，这类投资包括帮助企业融资扩大规模、帮助新股东融资以收购企业或者帮助企业进行资产重组以改善其营运的灵活性。并购资本需要的资金规模较大，最高的能超过 10 亿美元。

（4）**夹层投资。**夹层投资的主要目标是已经完成初步股权融资的企业，它兼有债权投资和股权投资双重性质。夹层投资的风险和收入低于股权投资，高于优先债权。在公司的财务报表上，夹层投资也处于底层的股权资本和上层的优先债之间。

夹层投资不追求控股企业，也不愿意长期持有。当企业处于两轮融资之间，或者上市的冲刺阶段时，对缺乏资金的企业进行夹层投资，然后在企业进入新的发展期之后迅速退出。所以，它的运作模式风险相对较小，对应的回报率也低一些，一般为 18%~28%。

（5）**Pre-IPO 投资。**这种投资主要是针对企业规模和盈利水平达到上市要求，处于准备上市阶段的企业进行投资，它的退出方式是上市之后在公开市场出售股票。一般而言，Pre-IPO 投资主要有以下两种类型，如图 8-16 所示。

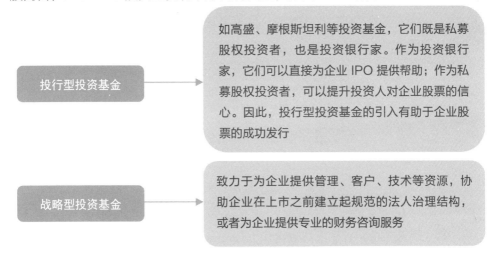

| 投行型投资基金 | 如高盛、摩根斯坦利等投资基金，它们既是私募股权投资者，也是投资银行家。作为投资银行家，它们可以直接为企业 IPO 提供帮助；作为私募股权投资者，可以提升投资人对企业股票的信心。因此，投行型投资基金的引入有助于企业股票的成功发行 |
| 战略型投资基金 | 致力于为企业提供管理、客户、技术等资源，协助企业在上市之前建立起规范的法人治理结构，或者为企业提供专业的财务咨询服务 |

图 8-16 Pre-IPO 投资分类

Pre-IPO 投资风险相对较小，并且能够回收投资资金和利润。如果企业上市之后，股票得到其他投资人青睐的话，可以得到更高的投资回报。

(6) PIPE 投资。这种投资是指投资于已上市公司股份的私募股权投资，以市场价格的一定折价率购买上市公司股份以扩大公司资本的一种投资方式。PIPE 投资可分为以下两种类型，如图 8-17 所示。

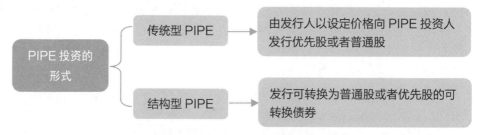

图 8-17　PIPE 投资的形式

相对于二次发行等传统的融资手段，PIPE 融资成本和融资效率相对较高，监管机构的审查较少，而且不需要昂贵的路演成本，可使融资者获得资本的成本和时间都大大降低。PIPE 比较适合一些不希望应付传统股权融资复杂程序，处于快速成长中的中型上市企业。

4. 私募股权投资的资金募集

私募股权投资的资金从何而来呢？大多数主要是依靠融资机构自己募集，相当于用别人的钱创自己的业。但是，募集资金并不是一件简单的事，要想从别人手里拿到钱最重要的是能够给予相应的价值和回报，所以募集资金也是一门学问。

目前，私募股权投资的资金募集渠道主要有政府引导基金、企业资金和其他闲置资金 3 种，如图 8-18 所示。

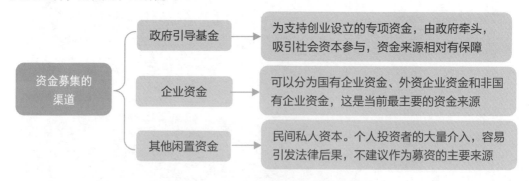

图 8-18　私募股权投资的资金募集渠道

私募股权投资的资金募集容易面临非法集资的嫌疑，所以有严格的法律规定，如果触犯法律，后果非常严重。所以，在募集资金时，一定要遵守法律法规，按照募资原则筹集资金。图 8-19 所示为私募股权投资募集资金的原则。

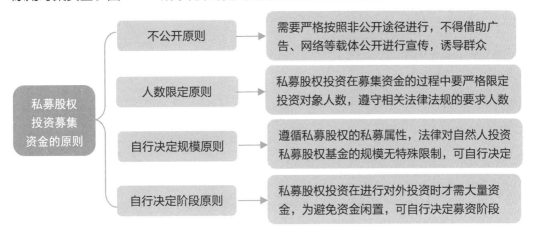

图 8-19 私募股权投资募集资金的原则

资金募集的程序主要通过以下 4 个步骤实施。

(1) **准备募资文件。**募资文件是就资金的设立和使用形成的初步方案，工作量非常大，是前期准备非常重要的工作。在募资文件的基础上，还需要制作《资本招募说明书》，它是所有募集文件中最重要的一项。

《资本招募说明书》可以为投资者提供设立基金的基本信息，以及基金设立的所有权和义务关系。说明书须简明扼要，突出重点，同时体现差异化，给人以信服力。《资本招募说明书》可以分为公司型、合伙型和信托型。

(2) **市场推介与投资者接触。**制作完《资本招募说明书》之后，就可以开始进行市场推广了，向潜在的投资人接触并发出募集邀请。通过市场推介，发起人和投资人达成初步投资意向，并起草相关合同草案，并进一步完善《资本招募说明书》。

(3) **确定出资意向。**通过一系列的会面谈判，发起人确定有出资意向的投资人，签署《投资者认购意向书》，确定合作及法律关系。

(4) **签署正式协议。**发起人和投资人对于各个程序没有异议的话，二者即可签署正式协议，并办理各项工商登记手续。

5. 私募股权投资与天使投资、风险投资的区别

从广义上来说，私募股权投资、天使投资和风险投资都属于高风险、高收益的投资方式，在我国统称为创业投资。三者实际是根据被投项目所处的阶段来划分的，天使投资是种子期，风险投资是成长期，私募股权投资是成熟期。而且，三者的区别不仅仅体现在被投项目的发展阶段，在投资的金额、来源以及投资者的关注点上也有很大的差别。

具体来说，天使投资与私募股权投资有以下几点区别，如图 8-20 所示。

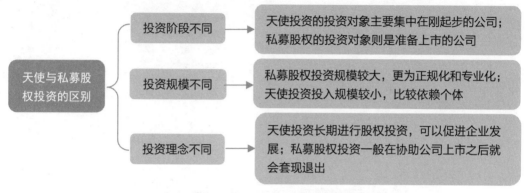

图 8-20 天使投资与私募股权投资区别

而风险投资与私募股权投资的区别主要有以下几点，如图 8-21 所示。

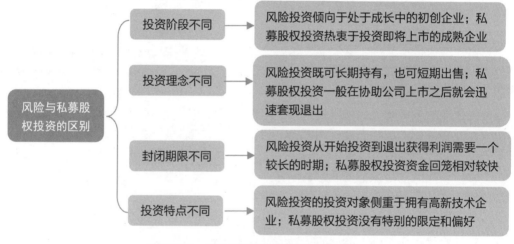

图 8-21 风险投资与私募股权投资区别

8.3.2 私募股权投资的投资逻辑

私募股权投资的投资规模较大，动辄就是上千万元资产的支出，蕴藏着巨大的风险。因此，私募股权投资有其内在的投资逻辑，如何降低投资风险？如何能回收更加丰厚的利润？都需要其内在的投资逻辑来解答。接下来，笔者就来重点讲解私募股权的投资逻辑，帮助大家赢在投资的起跑线上。

1. 投资熟悉领域

我们比较熟悉的企业，如小米、腾讯等企业，都曾在投资市场面临巨大的失败风险。小米曾经投资的凡客诚品早已日薄西山，乐淘网难逃贱卖命运，尚品网遭遇奢侈品电商寒冬，太美鞋业更是将几亿元投资打了水漂。再说腾讯，为了进入电商市场，先后投资的拍拍网和易迅都没有取得成功；为了抢占网络安全领域投资搜狗，也很难撼动市场格局。

这一系列失败的案例，足以证明对行业了解的重要性。无论是小米还是腾讯，在进入自己并不熟悉的电商领域时也很难取得成功。因此，投资不能一味地跟风热点行业，首先应该尽量扎根于自己熟悉的领域，从企业的角度去了解行业，再从这些行业内选择企业。

对行业的了解和判断对于私募股权投资尤其重要，做私募股权投资时可以先从熟悉的行业入手，了解投资的大环境。世界最富盛名的投资公司之一的软银，在全球范围的投资超过 1300 家，而获得巨大成功的背后，凸显的正是软银对行业的把控。软银最熟悉也最擅长投资的领域就是互联网领域，它在中国的投资也大都集中于互联网行业，可见在熟悉的领域做投资是多么重要。

选择熟悉的行业之后，还需要关注行业的变化。在互联网和大数据的环境下，用户的需求和喜好随时都在发生变化，随之而来的投资环境也在发生变化。私募股权投资需要紧跟行业变化，掌握投资环境的变动，规避行业下沉的风险。

如果对行业没有跟踪了解，不做前瞻性的研究，只依靠感觉来进行投资，就无法洞察企业成长背后的玄机，更无法对未来的走势作出判断。想要了解一个行业，私募股权投资可以从以下几个方面入手，如图 8-22 所示。

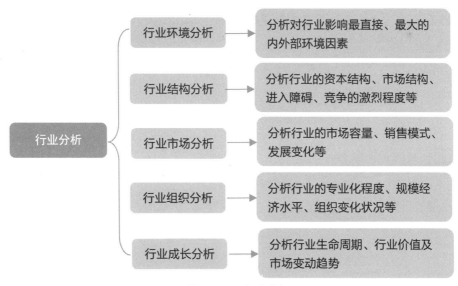

图 8-22 行业分析

2. 关注企业成长

一般来说，私募股权投资最初关注的焦点是企业及产品的成长性。企业在初创阶段，如果能凭借行业领先、技术垄断、管理高效等优势在未来挖掘潜力，就有可能发展成为具有可持续发展能力，能得到高投资回报的成功企业。

拥有成长性的企业必须以技术为支撑，用科学方法将能力转化为动力，再辅以高尖科技的监管机制才能不断发展，其本质就是创新能力。这种能力体现在以下几个方面，如图 8-23 所示。

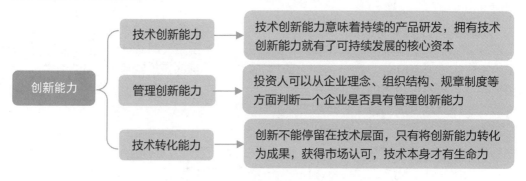

图 8-23 创新能力的具体内容

3. 重视市场需求

不少企业一味追求技术革新，而忽略了市场对技术的检验，不仅错失市场机会，也可能偏离市场发展方向。投资人在选择被投资对象时，一定要重视考察企业市场，选择拥有广阔市场的企业。投资人可以从以下几个方面衡量企业是否拥有足够大的市场空间，如图 8-24 所示。

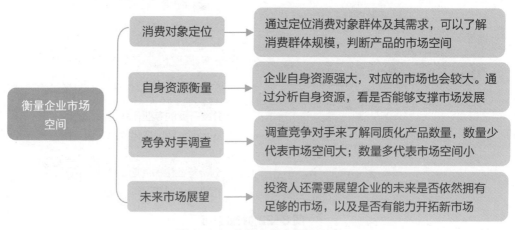

图 8-24 衡量企业市场空间

4. 挤掉财务水分

财务报表是投资者了解企业经营状况、分析投资风险的重要途径，许多企业为了吸引投资，会将财务报表粉饰一新，严重地影响投资人的判断。因此，投资人要想从中发现未知的风险，就要练就一双火眼金睛。

在投资过程中，有很多投资人会将分析财务报表作为第一要务，这种理想化的分析往往会使投资偏离正确的轨道。一般来说，每个行业都有每个行业的平均利润率，对于远高于行业平均利润率的财务指标，就要特别注意了，要用怀疑的目光去识别财务数据背后可能存在的陷阱。比如，互联网的平均利润率不到 10%，但有一家公司的财务报表却显示利润高达 30%，这个数据就需要仔细斟酌了。

投资时，面对具有诱惑性的财务报表，千万不要轻易被迷惑，而应站在常识的基础上去判断项目。而且，企业中有许多"硬数据"值得我们特别关注，比如工资表、水电费等，这也能给我们判断企业的真实经营状况提供参考。接下来，我们从以下几种数据来说明如何才能还原真实的财务报表，如图 8-25 所示。

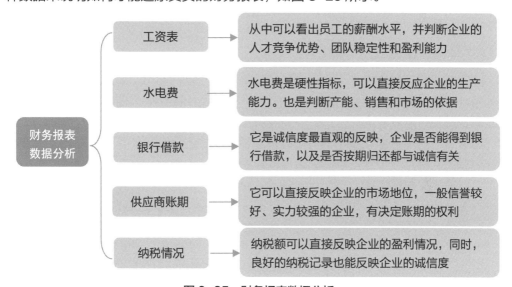

图 8-25　财务报表数据分析

5. 切记市场规律

投资不是投机，也需要遵循市场规律。投资市场千万要保持理性，过度狂热会导致跌入陷阱而难以翻身。只有把握市场规律，了解市场特性，理智地选择投资目标才能更加接近成功。

市场无论怎么变化，都有其运行的规律，保持这前一个市场状态和后一个市场状态之间可复制的恒定关系。比如，股权私募投资人会青睐产品价值大、竞争优势强的企业，正是因为市场规律决定了这样的企业具有良好的成长性。反之，没有优势的企业注定会被市场淘汰。掌握市场规律，就等于掌握了投资制胜的秘诀。

正确掌握市场规律，除了找到市场规律，还需要从宏观周期、企业发展周期、企业生命周期3个方面来进行综合考量，如图8-26所示。

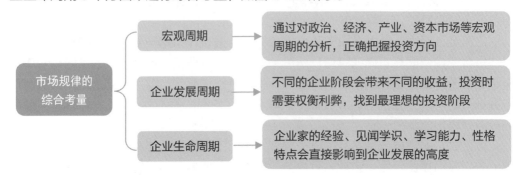

图8-26 市场规律的综合考量

市场可以有效地将市场资源配置在一起，从而实现投资的最佳效益。只有遵循市场规律，才能实现投资的增长。

6. 紧跟国家步伐

国家产业政策是政府为了实现一定的经济和社会目标而对产业形成和发展进行干预的各种政策总和。其中包括产业结构政策、产业组织政策、产业技术政策和产业布局政策，以及对产业发展有重大影响的政策和法规。

国家政策的每一次调整，都有可能催生很多很好的投资机会，也会对一些投资领域产生重大的有利或不利影响。私募股权投资不是盲目的，也需要跟着国家政策大趋势走，以提高投资成功率。

那么，如何才能第一时间了解国家的产业政策呢？最方便快捷的渠道是《新闻联播》。另外，在国家发改委网站、各大政府部门网站、行业网站也能查询到最新的国家产业政策信息。

总之，国家产业政策的调整会直接影响到投资走向，投资者一定要积极关注国家的各项新闻，保证能第一时间掌握国家产业政策调整的方向。

7. 掌握投资规则

市场本身无法预测，带来的投资风险往往也是不可预见的，所以我们常常说投资就是一场赌博，只有掌握游戏规则，才能赢得这场投资游戏。

在以地球为中心的这个空间内，生物与环境构成了统一整体。在这个统一的整体中，生物与环境之间相互影响、相互制约，保持着相对稳定的生态平衡状态，一旦其中的某个环节出现问题，整体的生态平衡就会被破坏。投资界也有这样的生态系统，每个参与方不能过多侵害他人利益，一时的得利可能会造成整个生态系统的破坏，最终无人能生存。

在投资过程中，一定要平衡各方利益，且不可为了一己私利，损害他人利益，破坏整个投资生态系统，最终搬起石头砸自己的脚。总体来说，投资如果能达成相关利益方面可持续、合作共赢的局面，投资的价值才能持续下去，走得更远。图 8-27 所示为私募股权投资坚决不投的项目。

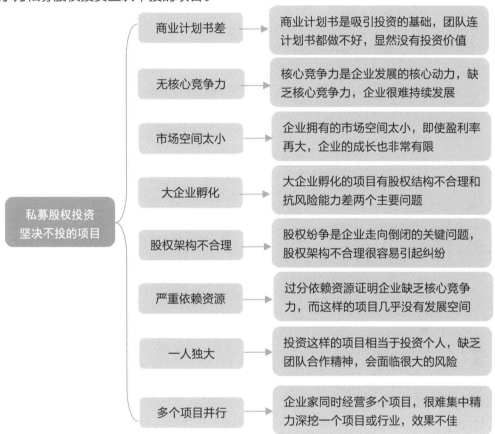

图 8-27　私募股权投资坚决不投的项目

优秀的私募股权投资者需要经过市场千锤百炼才能成长起来，如果没有十足的把握，投资时切不可急于求成，最好能掌握投资的内在逻辑，然后放手一搏。

8.3.3　私募股权投资的运作流程

私募股权投资的主要目的是盈利，其运作能力的好坏会直接影响未来的投资收益。因此，私募股权投资的每一步运作流程，都需要严谨、客观地进行，尽量降低运作流程中可能会出现的风险，获取更为丰厚的利润。

私募股权投资可以分为项目寻找、项目评估、尽职调查、公司价值评估、交易构造和管理及项目退出6个阶段。下面，我们一一进行具体分析。

1. 项目寻找

私募股权投资想要取得丰厚的投资回报，关键是在众多项目中以较低的成本和较快的速度找到优质项目。因此，通常私募股权投资人在充分利用公司自有资源的同时也会积极从外部渠道获取项目信息，整合内外部资源，建立多元化的项目来源渠道。

各种信息渠道来源提供的项目信息质量存在差异。一般来说，通过各人关系网络、股东、商业伙伴获得的项目信息质量比较高。因此，投资人在寻找项目过程中倾向于通过朋友、银行、证券公司或律师事务所等中介机构的介绍。另外，一些重要的投资洽谈会也是收集项目信息比较好的渠道。常见的投资项目来源渠道主要有以下几种，如图8-28所示。

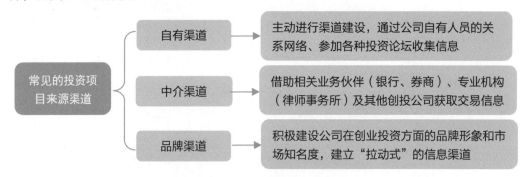

图8-28 常见的投资项目来源渠道

2. 项目初步评估

项目初步评估是投资人收到创业项目的基础资料后，根据投资风格和投资方向要求对创业项目进行初步评估。私募股权投资一般有自己的投资策略，包括投资规模、投资行业、投资阶段选择等。因此，在项目初步评估阶段，投资人通常能根据直觉很快地判断项目是否符合投资需求。表8-1所示为常见的项目初步评估标准。

表8-1 常见的项目初步评估标准

标　准	内　容
投资规模	投资项目的数量 最小和最大投资额
行业	是否属于基金募集说明书中载明的投资领域 私募股权基金对该领域是否熟悉 私募股权基金是否有该行业的专业人才

续表

标　准	内　容
发展阶段	种子期
	成长期
	成熟期
产品	是否具有良好的创新性、扩展性、可靠性、维护性
	是否拥有核心技术或核心竞争力
	是否具备成为行业中的领先者或者行业规范塑造者的潜力
管理团队	团队人员的构成是否和合理
	是否对行业有敏锐的洞察力
	是否掌握市场前景并懂得如何开拓市场
	是否能将技术设想变为现实
投资区域	是否位于私募股权投资公司附近城市
	是否位于主要大都市

项目初步评估主要是对项目的基础信息进行筛选。要想找到优质项目，还需要进行进一步的调查研究，对项目进行全面的技术、财务等多方面的考证和评价，从而更全面地了解项目未来的发展前景。

项目评估主要包括商业计划书评估、技术评估、市场评估、管理团队评估和退出方式及产业价值评估 5 个方面。根据最终的评估研究结果，投资人通常会对创业者进行访谈，询问有关问题，并让创业者就一些关键问题做一次口头介绍或讲演。

投资人可以通过这次会面获取更多与项目相关的信息，核实商业计划书中所描述的创业项目主要事项，了解私募股权投资能够以何种程度参与企业管理和监控，创业者愿意接受何种投资方式和退出途径，考察创业者的素质及其对创业项目成功的把握。

3. 尽职调查

通过项目评估之后，投资人会制定《立项建议书》，这意味着项目进程也进入了尽职调查阶段。因为投资的成败会直接影响投资和融资双方公司今后的发展，所以投资人在决策时一定要清晰地了解目标公司的详细情况，包括目标公司的经营状况、法律状况以及财务状况。尽职调查的目的主要有发现问题、寻找价值、核实企业信息 3 个，其所起的作用包括以下几点。

- 能够帮助投资人了解项目企业情况，减少合作双方信息不对称的问题。
- 尽职调查结果也可为合作双方奠定合理估值及深入合作的基础。
- 对有关单据、文件进行调查，这本身就是一个保存和整理证据的过程。
- 详尽准确的尽职调查是私募股权投资客观评价项目，做好投资决策的前提。

尽职调查的主要内容覆盖创业项目及项目企业的运营、规章制度以及有关契约、财务等多个方面，其中财务会计情况、经营情况和法律情况这3个方面是调查重点。

尽职调查需要调查的事项很多，对实施尽职调查人员的素质及专业性要求很高，因此私募股权投资通常要聘请中介机构，如会计师事务所、律师事务所等协助调查，为其提供全面的专业性服务。表8-2所示为尽职调查的对象及主要内容。

表8-2　尽职调查的对象及主要内容

调查对象	主要内容
企业实地考察	核实商业计划书的真实性 核实净资产、设备，审核以往史料和财务报表 考察组织架构和人事档案
会见管理团队	观察管理团队人员素质 了解团队经验和特长 管理层成员经验和个性是否相互配合
业务伙伴和前投资者	对项目企业管理者的评价 建立合作关系和终止合作或投资的原因
潜在客户和供应商	市场空间及市场占有率 市场销路 市场潜力的大小和增长速度 原材料价格、质量和供应渠道情况
技术专家和行业专家	产品性能、技术水准 是否有替代技术或产品 行业和技术的发展趋势 验证技术的先进性、可行性、可靠性
银行、会计师、律师、证券公司	企业过去的融资、偿还资金和资信状况 财务报表的准确性 专利、案件诉讼
同类公司市场价值调查	项目企业未来的价值和盈利前景 投入资金所占股份
竞争对手	对项目企业市场竞争力和占有率的评价 对管理人员素质的评价
相关行业企业的管理层	对项目的评估

4. 价值评估

价值评估是私募股权投资基于尽职调查所得到的项目企业历史业绩、预期盈利能力等资料，通过科学的价值评估方法对企业进行评估的过程。价值评估是私募股权投资过程中的关键一步，无论是项目投资还是项目退出，都需要对项目企业进行价值评估。对企业的价值评估方法有收益法、市场法和成本法 3 种，下面加以具体分析。

(1) **收益法**。是指通过估算被评估项目在未来的预期收益，并采用适宜的折现率折算成现值，然后累加求和，得出被评估项目价值的一种价值评估方法。根据预期收益估算方式的不同，收益法又可分为实体现金流量折现法、现金流量折现法、现金流量评估法等。

(2) **市场法**。是在市场上选择若干相同或近似的项目或企业作为参照物，针对各项价值影响因素，将被评估项目分别与参照物逐个进行价格差异的比较调整，再综合分析各项调整结果，确定被评估项目价值的一种价值评估方法。

(3) **成本法**。即用现时条件下的重新购置或建造一个全新状态的被评估项目所需的全部成本，减去被评估项目已经发生的实体性陈旧贬值、功能性成就贬值和经济性陈旧贬值，得到的差额作为被评估项目价值的一种价值评估方法。

对于创业企业而言，比较适用的价值评估方法是市场法和收益法。虽然从理论上讲，收益法考虑了企业未来持续经营的现金流，是比较成熟的估值方法。但其计算较为复杂，对参数假设敏感性很高，因此在私募股权市场上，较为常用的方法还是市场法。

5. 交易构造和管理

投资者一般不会一次性注入所有投资，而会采用分期投资方式，每次投资以企业实现事先设定的目标为前提，这就构成了对企业的一种协议方式的监管，也是降低风险的必要手段，但会增加投资者的成本。

在此过程中不同投资者可以选择不同的监管方式，包括采取报告制度、监控制度、参与重大决策和进行战略指导等。另外，投资者还可利用其网络和渠道帮助企业进入新市场、寻找战略伙伴，以发挥协同效应和降低成本等方式来提高收益。

6. 项目退出

私募股权投资的退出是指基金管理人将其持有的所投资企业的股权在市场上出售，以收回投资并获得投资的收益。

私募股权投资基金的退出是私募股权投资环节中的最后一环，该环节关系到其投资的收回以及增值的实现。私募股权投资的目的是获取高额收益，而退出渠道是否畅通是关系到私募股权投资是否成功的重要环节。因此，退出策略是私募股权投资基金者在开始筛选企业时就需要注意的问题。

第 9 章

转让：改善财务结构

股权转让和股权退出也是企业在不同阶段都会面临的一个问题。如果不能妥善处理好相关问题，很容易造成经济纠纷和法律诉讼。但是，如果能够对其提前做好规划并且退出机制的实施，那么股权转让和股权退出也能成为企业助力。

本章将教会企业的股东们如何依法依规地进行股权转让，并且构建一套通用的退出机制，以减少纠纷和诉讼。

9.1 初步了解：牢记转让关键问题

随着国内的市场经济体制以及相关的法律法规日益完善，股权转让已经成为企业获取资金、重组股权、优化资源配置的重要形式。但是，股权转让所引发的纠纷和诉讼却屡见不鲜，其根本原因在于广大企业的经营者没有充分了解股权转让的内涵。

本节将为大家详细解读股权转让的主要形式、基本流程、注意事项和常见的问题，企业的经营者只有牢记这些关于转让的关键问题，才能减少在股权转让过程中引发的纠纷。

9.1.1 股权转让的主要形式

股权转让是指股东有权依法将自己拥有的公司全部股权或者部分股权转让给他人，使其他股东获得更多股份或者使第三方成为公司股东，而原股东则套现退出。其包含以下几种主要形式，如图 9-1 所示。

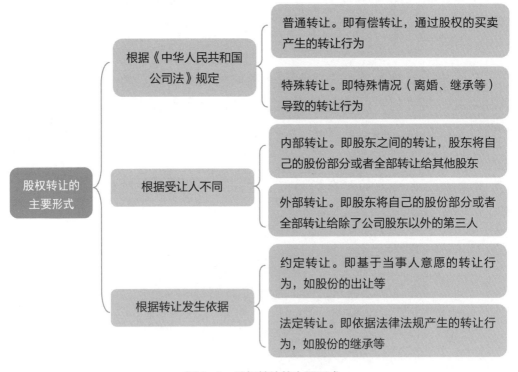

图 9-1　股权转让的主要形式

股权转让过程中的每个环节都需要依法依规，保证转让双方的合法权利和经济利益，不能损害司法公正。根据《中华人民共和国公司法》(2018 年修正)对股权转让做了以下明确规定。

第三章　有限责任公司的股权转让

第七十一条　股权转让

有限责任公司的股东之间可以相互转让其全部或者部分股权。

股东向股东以外的人转让股权，应当经其他股东过半数同意。股东应就其股权转让事项书面通知其他股东征求同意，其他股东自接到书面通知之日起满三十日未答复的，视为同意转让。其他股东半数以上不同意转让的，不同意的股东应当购买该转让的股权；不购买的，视为同意转让。

经股东同意转让的股权，在同等条件下，其他股东有优先购买权。两个以上股东主张行使优先购买权的，协商确定各自的购买比例；协商不成的，按照转让时各自的出资比例行使优先购买权。

公司章程对股权转让另有规定的，从其规定。

第七十二条　优先购买权

人民法院依照法律规定的强制执行程序转让股东的股权时，应当通知公司及全体股东，其他股东在同等条件下有优先购买权。其他股东自人民法院通知之日起满二十日不行使优先购买权的，视为放弃优先购买权。

第七十三条　股权转让的变更记载

依照本法第七十一条、第七十二条转让股权后，公司应当注销原股东的出资证明书，向新股东签发出资证明书，并相应修改公司章程和股东名册中有关股东及其出资额的记载。对公司章程的该项修改不需再由股东会表决。

第五章　股份有限公司的股份发行和转让

第一百三十七条　股份转让

股东持有的股份可以依法转让。

第一百三十八条　股份转让的场所

股东转让其股份，应当在依法设立的证券交易场所进行或者按照国务院规定的其他方式进行。

遵循以上法律法规，做到股权转让的各个环节有法可依、有据可循，这是减少纠纷和诉讼最有效的方式。

9.1.2　股权转让的基本流程

股权转让的基本流程主要包括工商变更、国税变更和地税变更 3 个环节。

1. 工商变更

工商变更的受理部门包括国家、省、市或区工商局，转让人需要填写各种相关工商局规定的格式文本表格，包括《公司变更登记申请书》《有限责任公司变更登记附表——股东出资信息》《指定代表或者共同委托代理人的证明》(都需要由股东加盖公章或签字)，递交材料后在工商局备案。图 9-2 所示为《公司变更登记申请书》范本。

项　　目	原登记事项	申请变更登记事项
名　　称		
住　　所		
邮政编码		
联系电话		
法定代表人姓名		
注册资本	（万元）	（万元）
实收资本	（万元）	（万元）
公司类型		
经营范围	许可经营项目： 一般经营项目：水电安装，房屋建设工程，土石方工程，物业管理。	许可经营项目： 一般经营项目：水电安装，房屋建设工程，土石方工程，物业管理，农副产品的生产、批发及零售。
营业期限	长期 / ＿＿＿＿ 年	长期 / ＿＿＿＿ 年
股　东（发起人）		
出资时间		
出资方式		
备案事项	□董事　□监事　□经理　□章程　□章程修正案	
本公司依照《公司法》《公司登记管理条例》申请变更登记，提交材料真实有效。谨此对真实性承担责任。 公司盖章：　　　　　　　法定代表人签字： 　　　　　　　　　　　　　　　　年　月　日		

图 9-2　《公司变更登记申请书》范本

2. 国税变更

公司变更法人后，需要到国家税务总局进行变更税务登记。国税变更所需资料包括《变更税务登记表》、营业执照副本、《国税税务登记证》、《增值税一般纳税人资格证书》、法定代表人居民身份证、变更决议等。

3. 地税变更

地税变更所需资料包括《变更税务登记表》、工商营业执照、地税税务登记证正副本等，准备好这些资料后去所属税务局办理即可。

专家提醒

外资股权转让还需要去对外经济贸易合作局办理外汇变更手续，一些股权转让协议还需要得到主管部门的批准，如国有股权或外资企业股权转让等。

9.1.3 股权转让的注意事项

因为股权转让涉及经济利益，尤其是有一些股权转让所涉及的金额数目较大，所以更加需要将股权转让的流程精细化。特别是一些小的细节也需要企业的经营者格外注意，下面笔者将为大家介绍签订股权转让协议、完成股权转让手续、注意法律法规和及时缴纳税款4个值得注意的事项。

1. 签订股权转让协议

签订股权转让协议一定要遵守相关的法律法规和公司的章程规定，股权转让协议通常包括以下内容。

(1) **定义与释义**。即相关词汇的具体含义解释说明。

(2) **股权转让**。股权转让的份额、价格和股权比例，股权转让的支付方式、交割期限及方式。相关条款范本如图9-3所示。

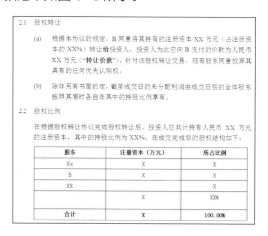

图9-3 股权转让条款范本

(3) **先决条件**。即投资人支付股权转让价款义务取决的条件。

(4) **成交及相关事项**。即成交时间、成交行动、工商登记变更、权利起始。

(5) **陈述与保证**。即出让人的陈述与保证、投资人的保证。

(6) **约定与承诺**。即业务经营、排他性、尽职调查、特点事项通知、竞业禁止等协定。

(7) **生效与终止**。即生效时间、提前终止行为、终止效力时间。

(8) **赔偿**。即投资人的赔偿、索赔通知、涉及第三方的事项。

(9) **其他条款**。即费用说明、修订与弃权、准据法、争议解决方案、保密约定、可分割协议、转让约定等。

2. 完成股权转让手续

在股权转让的过程中，如果涉及国有资产，一定要对其进行资产评估，股权转让的价格不能低于该股权所含净资产的价值。根据相关法律法规的规定，股权转让一般要经过以下手续。

(1) **受让方股东会**。充分研究出让人股权的特点，分析是否具备收购的可行性，同时进行尽职调查。

(2) **协商谈判**。受让人实地考察，并且与出让人进行谈判，评估股权价值，并出具验资报告。

(3) **签订协议**。出让人与受让人签订股权转让协议，约定相关的转让事宜，并且双方在协议上签字盖章。

(4) **召开老股东会**。通过股东会决议，免去股权出让人的相关职务，按照原来公司章程的规定执行股东会的表决比例和表决方式，参与会议的所有股东在《股东会决议》上签字盖章。

(5) **召开新股东会**。通过股东会决议，任命股权受让人的相关职务，商讨新的公司章程，按照规定执行股东会的表决比例和表决方式，参与会议的所有股东在《股东会决议》上签字盖章。

(6)**股权变更登记**。在规定时间内向税务部门缴纳税款，同时前往工商局提交相关文件(《股权转让协议》、《股东会决议》、新《公司章程》等)，办理股权变更登记手续。

3. 注意法律法规

股权转让行为的效力状态包括 3 种。即是否成立、是否有效、是否生效。当然这些效力状态还有一个前提，那就是转让协议本身是有效的，否则得不到法律的支持。在股权转让过程中，影响股权流转效力的因素主要包括以下几种，如图 9-4 所示。

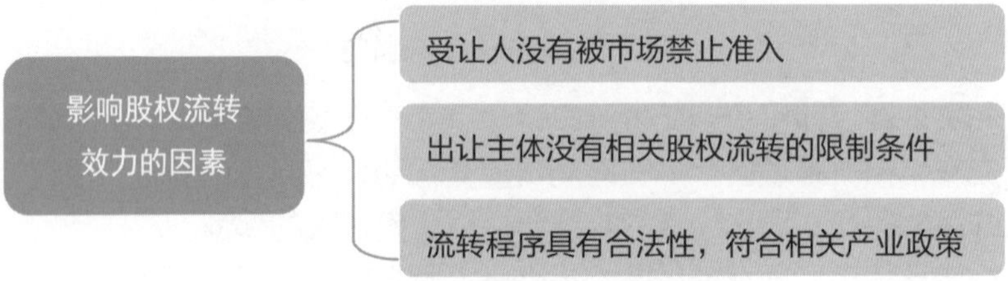

影响股权流转效力的因素

- 受让人没有被市场禁止准入
- 出让主体没有相关股权流转的限制条件
- 流转程序具有合法性，符合相关产业政策

图 9-4　影响股权流转效力的因素

专家提醒

下面是《中华人民共和国公司法》(2018 年修正)中对记名股票、无记名股票的转让以及特定持有人的股份转让作出的相关规定。

第一百三十九条　记名股票的转让

记名股票，由股东以背书方式或者法律、行政法规规定的其他方式转让；转让后由公司将受让人的姓名或者名称及住所记载于股东名册。

股东大会召开前二十日内或者公司决定分配股利的基准日前五日内，不得进行前款规定的股东名册的变更登记。但是，法律对上市公司股东名册变更登记另有规定的，从其规定。

第一百四十条　无记名股票的转让

无记名股票的转让，由股东将该股票交付给受让人后即发生转让的效力。

第一百四十一条　特定持有人的股份转让

发起人持有的本公司股份，自公司成立之日起一年内不得转让。公司公开发行股份前已发行的股份，自公司股票在证券交易所上市交易之日起一年内不得转让。

公司董事、监事、高级管理人员应当向公司申报所持有的本公司的股份及其变动情况，在任职期间每年转让的股份不得超过其所持有本公司股份总数的百分之二十五；所持本公司股份自公司股票上市交易之日起一年内不得转让。上述人员离职后半年内，不得转让其所持有的本公司股份。公司章程可以对公司董事、监事、高级管理人员转让其所持有的本公司股份作出其他限制性规定。

4. 及时缴纳税款

根据财政部、国家税务总局《关于股权转让有关营业税问题的通知》(财税[2002]191 号)的规定，股权转让不征收营业税，但需要交纳相关的所得税和印花税，具体交纳额度如图 9-5 所示。

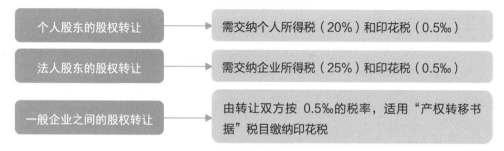

图 9-5　股权转让交税的基本规定

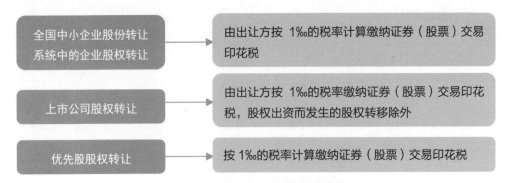

图9-5　股权转让交税的基本规定(续)

9.1.4　股权转让的常见问题

经过前文的介绍，相信各位读者对股权转让有了初步的了解。接下来，笔者重点挑选了 5 个关于股权转让的常见问题为大家进行解答，帮助正在进行股权转让或者准备转让股权的企业和相关人员更加透彻地了解股权转让。

1. 股权转让后能否得到分红

原股东将持有的股权转让后，还可以根据具体情况，申请获取他在持股的时间内公司盈利的分红权，具体内容如图9-6所示。

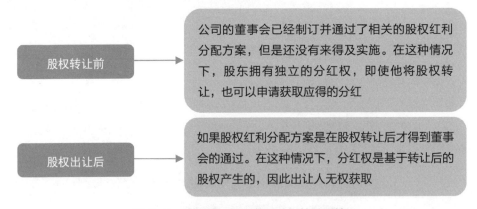

图9-6　股权转让能否获取分红的不同情况

另外，如果在股权转让协议中对于原股东持股期间的分红权有特别约定，遵循该约定分配即可。

2. 被吊销执照如何转让股权

公司因为各种原因营业执照被吊销后，企业的经营资格被注销，但是它的主体资格还在存续，所以企业的营业执照被吊销后仍然可以进行股权的变更。

那么，此时股东手中的股权该如何进行转让呢？下面为大家讲解具体的转让步骤，如图9-7所示。

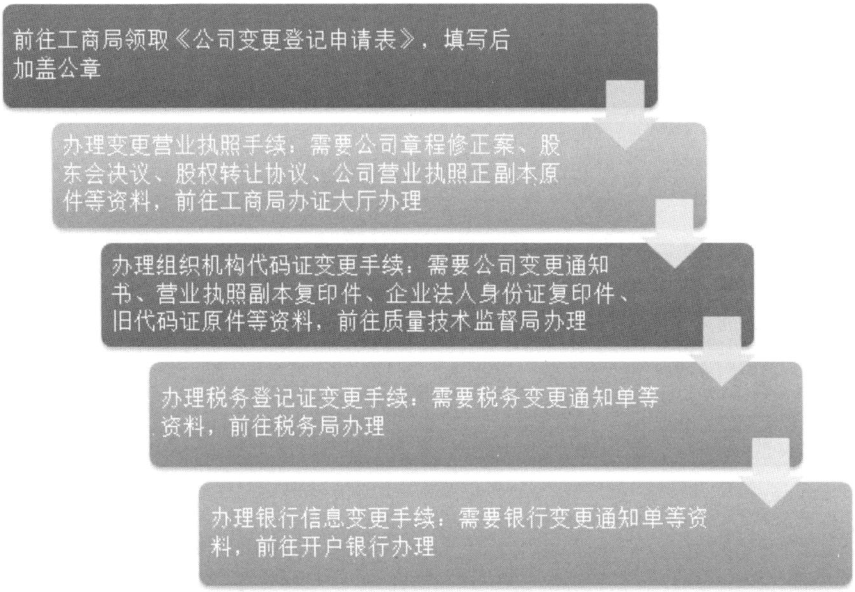

前往工商局领取《公司变更登记申请表》，填写后加盖公章

办理变更营业执照手续：需要公司章程修正案、股东会决议、股权转让协议、公司营业执照正副本原件等资料，前往工商局办证大厅办理

办理组织机构代码证变更手续：需要公司变更通知书、营业执照副本复印件、企业法人身份证复印件、旧代码证原件等资料，前往质量技术监督局办理

办理税务登记证变更手续：需要税务变更通知单等资料，前往税务局办理

办理银行信息变更手续：需要银行变更通知单等资料，前往开户银行办理

图9-7　公司吊销后的股权转让步骤

专家提醒

《中华人民共和国公司法》规定，公司被吊销营业执照后，禁止从事一切经营活动。但是，相关法律并未规定被吊销营业执照的公司不能进行股权变更。

3. 股权收购包含哪几种方式

股权收购是指以目标公司股东的全部或部分股权为收购标的的收购行为。在收购公司股权时，需要按照符合法律规定的方式来进行，这样才能正确获得公司股权。公司股权收购的具体方式包括以下几种，如图9-8所示。

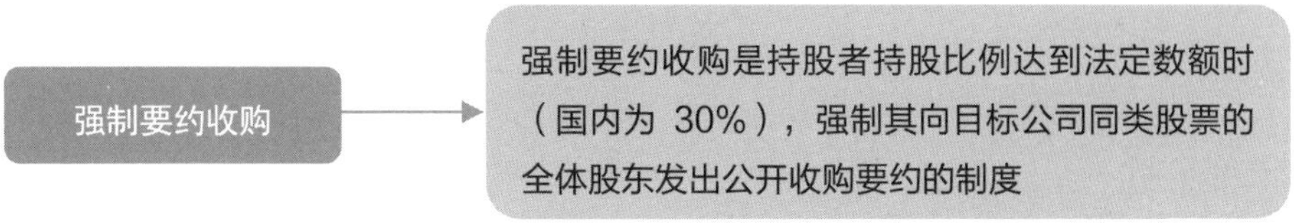

强制要约收购

强制要约收购是持股者持股比例达到法定数额时（国内为30%），强制其向目标公司同类股票的全体股东发出公开收购要约的制度

图9-8　公司股权收购的具体方式

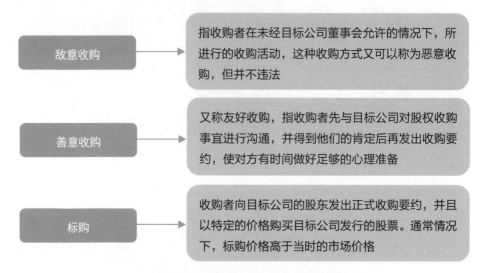

图9-8 公司股权收购的具体方式(续)

4. 隐名股东如何进行股权转让

隐名股东是指一些实际出资的投资人，他们为了规避法律法规的限制、利用政策空隙、避开有可能涉及复杂烦琐的手续、避免公开个人信息或者其他商业考量等原因，借用他人的名义投资公司或者直接成立公司，同时将公司章程、股东名册和工商登记中的股东都记载为他人。

在《〈中华人民共和国公司法〉若干问题的规定(三)》中可以看到，实际投资人其实就是隐名股东，而名义股东则就是名义出资人。

> 《〈中华人民共和国公司法〉若干问题的规定(三)》第二十五条的规定如下。
>
> 名义股东将登记于其名下的股权转让、质押或者以其他方式处分，实际出资人以其对于股权享有实际权利为由，请求认定处分股权行为无效的，人民法院可以参照民法典第三百一十一条的规定处理。
>
> 名义股东处分股权造成实际出资人损失，实际出资人请求名义股东承担赔偿责任的，人民法院应予支持。
>
> 《中华人民共和国物权法》第一百零六条的规定如下。
>
> 无处分权人将不动产或者动产转让给受让人的，所有权人有权追回；
>
> 除法律另有规定外符合下列情形的，受让人取得该不动产或者动产的所有权：
>
> (一)受让人受让该不动产或者动产时是善意的；
>
> (二)以合理的价格转让；

(三)转让的不动产或者动产依照法律规定应当登记的已经登记，不需要登记的已经交付给受让人。

受让人依照前款规定取得不动产或者动产的所有权的，原所有权人有权向无处分权人请求赔偿损失。

当事人善意取得其他物权的，参照前两款规定。

隐名股东在转让股权时，必须有第三人明确知晓隐名股东的身份存在，名义股东应当知晓该转让事实并没有提出反对意见，同时协助隐名股东签订股权转让协议，另外还需要企业中超过半数以上的股东同意。

5. 子公司如何购买母公司股权

子公司虽然在法律上可以独立于母公司存在，但母公司持有其全部或部分股权，对其可以进行间接控制。如果子公司反过来也想持有母公司的股权，则属于交叉持股的形式，这种行为相关法律法规并没有作出明确的限制性规定，因此在理论上是可行的。图9-9所示为交叉持股的主要特征。

图9-9 交叉持股的主要特征

交叉持股可以稳定公司的股权结构，共同分散两个公司面临的各种风险。另外，在市场不健全时，能够防止被恶意收购，善于交叉持股可以长久稳定地控制企业。

采用交叉持股的方式时，注意不能破坏原有的从属关系，否则会严重影响公司的经营管理和重大决策，拖累公司发展速度。

9.2 退出机制：提前规划未来道路

创始人创业和投资人投资的目的，都是为了获取利润，一旦企业的利益达到了最大化，他们就会考虑转让或者退出来变现。为了避免股东在退出时产生不必要的纠纷，企业需要提前设计合理的股权退出机制，并将其落实到具体的协议中。

此外，面对股东的退出，企业要及时进行补救，尽早开始下一轮融资，以保证他们的退出不会给企业带来严重的影响。

9.2.1 企业相关人员退出机制

涉及企业相关人员的退出，如创始人、合伙人、投资人等退出时需要格外注意，因为这些人涉及退出后利益分配的问题，而这也是企业出现矛盾和纠纷最常见的原因。一旦不能有效地解决，企业可能会面临分崩离析的局面。接下来，笔者将对涉及企业相关人员的退出机制作详细地分析。

1. 公司创始人

对于创业企业来说，若创始人离开团队，则会牵涉到创始人股权退出问题，具体方法如图 9-10 所示。如果没有构建股权退出机制，那么这些中途离场的创始人就会带走股权。这对他们来说非常有利，而对于还在支撑企业的其他合伙人来说，则显得非常不公平。这样的企业，也无法给予合伙人安全感。

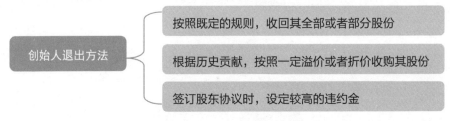

图 9-10　公司创始人退出方法

即使与创始人的关系再好，在共同创建公司时也要协商股权的退出机制。不管谁中途离开，都应该收回他手中的股权，以免公司陷入发展困境。构建合理的创始人退出机制，不仅可以有效杜绝创始人中途离开的隐患，而且还能增强合伙人的凝聚力。

专家提醒

公司创始人的股权退出机制可以从两个方面来实施。

(1) 按照工作年限发放股份。

(2) 按照阶段性业绩指标发放股份。

2. 股权合伙人

很多合伙人获得股权与其为公司付出的努力往往是不对等的，因此他们在退出时，对于自己所做的贡献和获得的股权会觉得不平衡，从而导致冲突。为了避免产生矛盾，首先要在分配股权前进行团队磨合，同时留出一定的可调整空间的股权池，并且构建完善的股权机制。

其实，在构建合伙人的股权进入机制时，便应考虑对应的退出机制。即根据合伙人的不同退出方式，构建不同的退出机制，具体内容如图 9-11 所示。

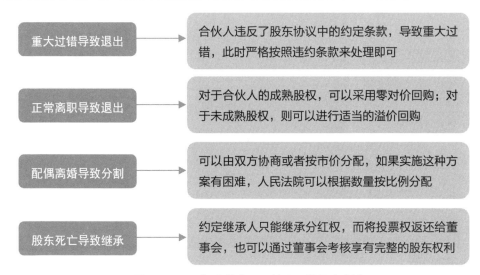

重大过错导致退出	→	合伙人违反了股东协议中的约定条款，导致重大过错，此时严格按照违约条款来处理即可
正常离职导致退出	→	对于合伙人的成熟股权，可以采用零对价回购；对于未成熟股权，则可以进行适当的溢价回购
配偶离婚导致分割	→	可以由双方协商或者按市价分配，如果实施这种方案有困难，人民法院可以根据数量按比例分配
股东死亡导致继承	→	约定继承人只能继承分红权，而将投票权返还给董事会，也可以通过董事会考核享有完整的股东权利

图 9-11　股权合伙人不同情况下的退出方法

3. 股权投资人

股权投资人最常用的退出机制便是股权转让，即依照相关的法律法规，将自己的合法股权有偿出让给他人，从而实现套现退出。投资人通常采用私下协议转让或者新四板(区域性股权交易市场)公开挂牌等方式实现股权转让。

有限责任公司的股东退出，必须符合《中华人民共和国公司法》规定的股东申请退股的 3 种法定情形。

> 第七十四条　有下列情形之一的，对股东会该项决议投反对票的股东可以请求公司按照合理的价格收购其股权：
>
> (一)公司连续五年不向股东分配利润，而公司该五年连续盈利，并且符合本法规定的分配利润条件的；
>
> (二)公司合并、分立、转让主要财产的；
>
> (三)公司章程规定的营业期限届满或者章程规定的其他解散事由出现，股东会会议通过决议修改章程使公司存续的。
>
> 自股东会会议决议通过之日起六十日内，股东与公司不能达成股权收购协议的，股东可以自股东会会议决议通过之日起九十日内向人民法院提起诉讼。

4. 联合创始人

如果联合创始人退出后，手中还持有公司股权，通常会让那些继续坚持创业的合伙人心理不平衡。因此，不管何种情况，针对联合创始人的股权，都需要构建从退出的联合创始人手中收回股权的成熟机制。

例如，创始人 A 和创始人 B 两人联合创建一家公司，同时各持公司 50%的股权。起先的半年时间，两个人都非常努力地为公司打拼。但是，创始人 B 渐渐对公司发展失去信心，而直接离职去了一家成熟的公司担任高管。而创始人 A 则坚信公司会有好的发展前景，从而独自挑起公司的重担。但是，创始人 B 的股权并没有撤出，他仍然保留了 50%的公司股权。

经过两年的发展后，公司的业务逐渐走上正轨，发展越来越快，而且有大公司看中了这种业务，准备开高价来并购公司。对于创始人 A 来说，辛苦的付出终于有了回报。此时，对于创始人 B 来说，虽然他早已经离职，但是他拥有公司一半的股份，按理说是可以得到一半的并购价款的。

在创业过程中，类似的现象非常多，这种现象对于留守的创始人来说是非常不公平的，因此必须通过创始人股权成熟机制来解决这些问题，具体包括两方面的内容，如图 9-12 所示。

图 9-12　创始人股权成熟机制的具体内容

5. 持股员工

很多实行股权激励方案的公司，有大量员工持有公司的股权。在这种情况下，通常会在股权激励计划中约定详细的行权条件和退出机制，按照该规定执行即可。图 9-13 所示为某公司股权激励计划范本中的退出机制说明。

专家提醒

另外，对于采用干股激励方式的公司来说，干股股东没有登记在公司股东名册，没有股份股权，因此不能对干股进行转让。

第十三条　股权激励退出机制

激励对象在获得公司股份后，根据公司的服务年限来确定是由公司有偿回购，还是无偿收回、或上市后卖出。

1、激励对象因主动离职或被解聘离开公司的，可以继续持有公司股份，亦可选择不断继续持有公司股份；因犯非严重错误而被解雇离开公司的，必须按本《方案》规定，由公司回购股份；因重大错误导致企业严重受损、严重渎职、触犯国家刑法等，必须辞退并按本《方案》规定由公司收回股份。

2、如果激励对象离开公司，按本《方案》规定可继续持有已行权的激励股份的，按与公司有关协议及本《方案》规定执行；未行权的部分自动失效。

3、公司上市后已行权的激励股份转成可流通的股票。

第十四条　回购价格以上一年度经审计的每股账面净资产为准。

图 9-13　某公司股权激励计划范本中的退出机制说明

9.2.2　特殊情形下的退出机制

很多时候公司股东可能不是自愿退出的，而是由于某些原因被迫卖出股份，如职务变更、降职、离职、考核未通过、死亡、退休等，面对这些特殊情形都需要面对相应的股权退出机制，具体方案如图 9-14 所示。

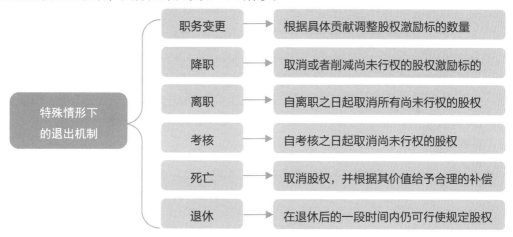

图 9-14　特殊情况下的退出机制

9.2.3　借助第三方的退出机制

除了设定退出协议进行股份的转让外，公司股东还可以借助第三方退出。尤其是涉及公司内部矛盾时，这种方法是非常及时有效的。下面，笔者为大家介绍几种借助第三方的退出机制，帮助股东提前对未知情形进行规划。

1. IPO 退出

IPO 退出就是企业通过上市，当投资人手中的公司股票大幅增值后，可抛售股票获得高额的收益，是投资人非常热衷的股权退出方式。但是，IPO 退出的方式也存在一定的弊端，如图 9-15 所示。

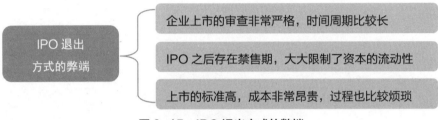

图 9-15　IPO 退出方式的弊端

2. 借壳上市

借壳上市是非上市公司通过给市值较低的上市公司注入资金，并拿到该公司相应比例的控股权，从而实现间接上市的方法，这种行为便是借壳上市，所谓的"壳"就是指上市公司的上市资格。

借壳上市后，投资人可以通过二级市场抛售股票来实现股权退出，这种方式的主要优点如下所述。

- 时间相对较短，只要半年左右的时间即可完成整个审批流程。
- 成本更低，无须付出庞大的律师费用。
- 保密程度高，企业无须公开各项指标。

借壳上市的缺点是成本较高，因为它在上市的过程中需要重组，其中所产生的成本较高。并且，在国内借壳上市后无法立即融资，面临较大的资金压力。

专家提醒

　　借壳上市退出的主要缺点在于容易滋生内幕交易，同时这些高价壳资源会严重扰乱市场的估值基础，并且还会削弱现有的退市制度。

3. 股权回购

股权回购是指企业的实际所有人直接收回投资人的股权，这种回购可以分为管理层收购(Management Buy-Outs，MBO)和股东回购两种方式，如图 9-16 所示。

股权回购的优势在于投资人的收益较为稳定，而企业则可以获得更高的独立性和控制权，并且操作简单、成本低。股权回购的主要缺点在于收益率比较低，同时企业需要承受更大的现金支付压力。

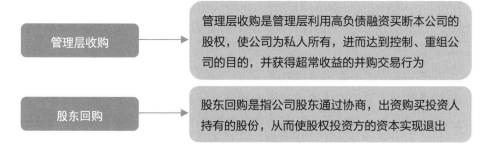

图9-16 股权回购的两种常见方式

4. 新三板退出

新三板退出包括做市转让和协议转让两种方式，如图9-17所示。这两种方式比较适合中小企业退出。

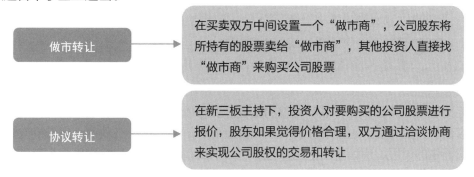

图9-17 新三板退出的两种方式

新三板退出的主要优势如图9-18所示。新三板市场的主要缺点在于流动性较低，退出过程比较长，而且退出价格也不高。

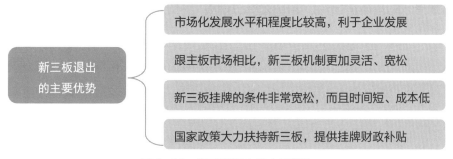

图9-18 新三板退出的主要优势

5. 破产清算

当投资项目失败时，股东唯一的退出方式就是清算退出，它包括破产清算和解散清算两种方式。如果公司创业失败且已经无法挽回，则应尽早进入清算程序来止损，以尽可能多收回部分残留资本。《中华人民共和国公司法》对于破产清算的相关规定如下所述。

> 第一百八十六条　清算程序
>
> 清算组在清理公司财产、编制资产负债表和财产清单后，应当制定清算方案，并报股东会、股东大会或者人民法院确认。
>
> 公司财产在分别支付清算费用、职工的工资、社会保险费用和法定补偿金，缴纳所欠税款，清偿公司债务后的剩余财产，有限责任公司按照股东的出资比例分配，股份有限公司按照股东持有的股份比例分配。
>
> 清算期间，公司存续，但不得开展与清算无关的经营活动。公司财产在未依照前款规定清偿前，不得分配给股东。
>
> 第一百八十七条　破产申请
>
> 清算组在清理公司财产、编制资产负债表和财产清单后，发现公司财产不足清偿债务的，应当依法向人民法院申请宣告破产。
>
> 公司经人民法院裁定宣告破产后，清算组应当将清算事务移交给人民法院。

相比于破产清算制度，破产重整制度更能保护债权人的利益。破产重整制度既能不损害债权人的利益，也能挽救债务人和其企业，维持社会经济秩序。尽量推动债务人企业再生的过程，保留企业的剩余价值，帮助债权人得到比破产清算更为有利的清偿结果。并且，破产重整制度通过对债务人企业的结构、策略、管理等多方面的调整优化，可以帮助企业摆脱破产困境，改变重生。

其弊端在于整个破产重整计划由债务人负责执行，通常需要一年以上的时间来完成。这意味着在破产重整过程中，债权人的合法权益很难得到保障，债权人无法有效地了解债务人的具体情况，会承担较大的风险。

第 10 章

风险：规避股权困境

　　股权的各种行为都存在不同程度的风险，作为企业的经营者，想要完全避免风险是不可能的，只能依靠熟悉相关法律文件、规范交易流程等细节来最大限度地降低风险，规避股权困境。

　　本章将对股权的设计风险和法律风险进行剖析，并且给予相应的管控建议，帮助大家在创业之路上走得更加平稳。

10.1　设计风险：谨记降低未知风险

股权设计从根本上来说是对企业的利益进行分配，一旦涉及利益就会引发很多质疑和纠纷，从而阻碍企业的发展，在前进的道路上埋下隐患。为了规避这种风险，企业在进行股权设计时就要结合实际情况充分考虑是否存在设计风险，以及它给企业带来的负面影响，并且提前做好风险防范预案，将未知风险控制在可控范围内。

股权设计中存在的风险既繁多又杂乱，本节将对其中的部分风险进行分析和梳理，并且提供相应的应对策略，企业经营者可以从中提前了解和掌握股权设计的未知风险，从而做好应对和防范。

10.1.1　股权架构设计雷区

首先，股权架构是整个企业的基石，如果股权架构的设计出现问题，那么整个企业就如同没有地基的房屋，一阵风吹过随时有倒塌的可能。股权架构的设计出现问题会导致企业的抗风险能力不足，任何股权变动都会危及整个企业的生存和发展。接下来，我们就来了解股权架构设计方面的几个雷区。

1. 平均分配的股权架构

平均分配的股权架构可能会导致的问题之前已经讲过。但是，笔者之所以再次提及，还是因为这个问题是普遍存在的，企业的经营人员对此应该格外重视。平均分配在表面上来看确实比较稳定和公平，大多数两人合伙和家族企业在创业初期都会采用这种股权架构。

但是，这对企业的长远发展是不利的，当企业步入正轨，准备开始进行股权融资和股权激励时，这种股权架构存在的问题就会暴露出来。当需要拿出股权进行分配或者融资时，拿谁的股份？是几个股东都拿出相等的股份还是一方多拿出一部分股份？这些问题都会引发矛盾和纠纷，因为谁都不会甘愿拿出股份变为小股东。

另外，在企业作出重大经营决策时，如果股权相当的股东们意见不一，这时候企业就会陷入僵局，无法迅速作出正确有效的决策，错过最好的发展时机。平均分配的股权架构在企业中没有形成必要的权力制衡关系，企业必须有一个在关键时候能够拍板的人，如果没有这个决策权，对于企业是非常危险的。

所以，在创业初期采用平均分配股权架构的企业，在发展的过程中，一定要主动调整股权架构。企业的关键股东可以在新资金注入时，主动要求调整股份比例；也可以通过股份收购，拿到企业的控制权和话语权。商场如战场，商场不是讲情义的场所，在关键时刻需要有一个人站出来强势地拿到企业的话语权，这不仅是为了企业的长远发展，也是为了保障其他股东在未来依然能够得到持续的收益。

2. 小股东成为表决关键的股权架构

在早期的多人合伙企业中，一般是按照管理能力和出资比例进行股权分配的。管理能力强和出资较多的股东所占据的股权通常是均衡的，同为企业的大股东，剩下的管理能力较弱也没有出资能力的股东所占据的股权较小。在这种股权架构下，会出现一个关键问题，当大股东互相制衡时，小股东往往会成为决议是否通过的关键人物。

举个简单的例子，一家 4 人合伙的企业，一个股东因为管理能力强占据 30%的股权；一个股东因为出资较多也占据 30%的股权；还有一个因为技术能力强同样占据 30%的股权；剩下的股东占据 10%的股权。这种分配方式是合理的，3 个大股东因为各自能力侧重点不同而占据相当的股份。

但是，当 3 个大股东对某项事务各自持有不同意见时，3 个大股东都需要小股东站在自己这一边，这也就形成了一个非常有趣的局面，即此时企业的话语权是掌握在小股东手上的。而这可能导致 3 个大股东为了拉拢小股东产生贿赂、打压、恐吓等行为，这种情形是与股权架构设计的初衷相背离的。

3. 一人百分百控股的股权架构

一人百分百控股的股权架构一般是由创业者自己出资并且进行管理创建的企业，这种架构确实十分稳定，也没有股权纠纷的风险，企业在关键时候能迅速作出决策。

但是，这也意味着企业所有的决策和管理压力都集中在创业者一个人身上。在很多时候，仅仅依靠一个人的判断很难作出正确有效的决策。因此，当创业者的决策出现问题时，也没有其他股东加以纠正，将会导致企业走上错误的道路。

另外，在这样的股权架构下，也无法吸引高尖人才加入，培养的员工也只是打工者的心态。导致企业的管理层稳定性较差，人员流动较大，很难保证企业高速和稳健地发展。快手的总裁在创立之初占据企业全部的股权，但是在不到半年的时间内出让了 55%的股权，这带动了高尖人才的加入和股东的积极性，现在已经成功上市并获得了巨大的成功。

4. 全员持股的股权架构

华为的持股方式属于全员持股的股权架构，并且经营得非常成功。这也吸引许多企业纷纷效仿，希望通过全员持股的方式来增强企业员工的主人翁意识，为实现企业的价值发挥自己最大的能力。但是，这种架构的实际效果并不好，也很难得到广泛的推行。

首先，每个企业的行业性质和企业文化是不同的。而华为能成功构建全员持股的股权架构是由于其本身的企业文化、执行能力、研发能力、绩效制度都是优于绝大多数企业的。

其次，普通企业推行全员持股的股权架构后，由于企业价值本身不高，分给每个员工的股权其实是微不足道的，很难增强员工的主人翁意识。当员工面对更高的薪资诱惑时，就会毫不犹豫地离开企业。

5. 全部由技术人员持股的股权架构

现在有很多网络科技公司是由一群技术达人共同组建的，通常是因为一个好的产品创意把这群技术达人汇聚在一起，共同研发产品、创建公司，根据做出的贡献划分股权。在创业初期一般会比较顺利，但是随着时间推移，往往会出现以下几种问题。

- 产品研发周期拉长，资金短缺却无处拉投资。
- 财务支出日益加大，缺乏管控措施。
- 在产品开始进入市场时，没有好的渠道销售。
- 公司研发、管理、财务、销售等工作量日益加大，但管理方式并没有改善。

这诸多问题之所以产生，都是缺乏专业的人才进行管理导致的，正所谓"术业有专攻"，技术达人对技术方面的问题肯定是极其专业的，但是在面对管理、财务、销售等问题时，往往会一筹莫展，即使投入大量时间和精力，也很难在短时间内将企业梳理清楚。因此，在适当的时候，放出部分股权招揽各方面的专业人才是很有必要的。

一般可以找一个商业合伙人，专门负责管理、财务、销售等方面的企业事务。如此各司其职，才能获得事半功倍的效果。

6. 多人代持的股权架构

代持股权在法律上并没有得到承认，但是在具体案例的审判过程中，会根据实际情况对代持行为和代持协议进行审核，被代持人的权益在很大程度上是受到保护的，所以很多企业都存在股权代持的现象。

但是，多人代持的原因十分复杂，因为其涉及继承、缴税等法律义务，所以要对具体问题具体分析。笔者个人不建议股权多人代持的行为，因为股权代持协议是没有明确的法律保护的，如果出现因股权代持引发的纠纷，其审判的时间会被拉长到几年，浪费大量的时间也很难得到满意的结果，还会对股东的权益和企业的经营带来巨大的负面影响。

10.1.2　股权激励风险管理

股权激励主要包括维持激励规则的公平、保障激励制度的建设、加强激励实施的监管和把握激励过程的难点4个风险管理环节，下面加以具体分析。

1. 维持激励规则的公平

企业一定要明白一个道理，那就是股权激励的主要作用是吸引、激励和留住对企业有用的核心人才。因此，企业始终要本着公平、公正和公开的基本原则，严格实施股权激励计划。

如果在实施股权激励计划的过程中，企业由于管理者偏心或者有私心，那么必然会引起部分核心人才的不满，从而导致他们失去工作的积极性，甚至会导致人才流失。因此，只有公平的股权激励方案才能服众。公平的核心在于"论功行赏"，根据员工的贡献大小来分配对应的股权额度，这样才能让所有人心服口服。

专家提醒

需要注意的是，在股权激励中，公平绝不意味着平均，很多人把公平和平均画等号，这是一个严重的思维误区。公平追求的是实质性的公平、公正，即如果两个人创造的贡献一样，则所得到权益也一样；如果两个人创造的价值不一样，则应区别对待，做到具体情况具体安排。

2. 保障激励制度的建设

从很多企业的股权激励方案中，发现一个非常严重的错误，他们做股权激励往往只是为了完成股权的分配，从而让股权激励变成了一次乱碰乱撞的纯粹涨薪行为，严重浪费了企业的激励资源。

股权激励机制要发挥有价值的作用，就必须与企业的其他制度无缝衔接，相互协同和配合，将股权激励的制度建设提升到企业发展的战略高度。下面将这种股权激励的制度建设战略简化为 3 个步骤，如图 10-1 所示。

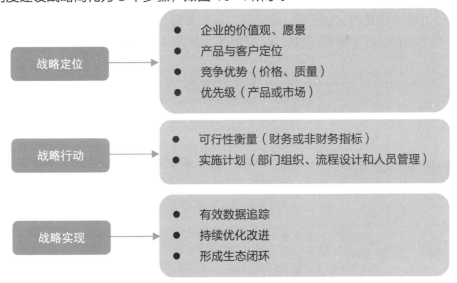

图 10-1　股权激励制度的基本战略

企业可以在这种战略管理的基础上，不断推进股权激励制度的建设，从内部结构上来强化薪酬制度与股权激励的关联，完善企业的监管、评估以及披露机制，强化股权激励计划实施过程中的内外部约束力，并最大化地提升激励资源的利用效率。

3. 加强激励实施的监管

很多企业在实施股权激励计划时，都存在不少问题。

(1) **资本市场不够成熟和规范**。企业的股票市值存在太多的投机操作行为，不能完全体现上市公司的经营业绩，导致很多人为了获得短期利益，而不断进行股市投机操作，从而在企业发展方面不够努力，致使股权激励失去其应有的作用。

(2) **职业经理人市场尚未成熟**。目前我国缺乏完善的职业经理人市场机制，大部分企业都是自行选择和任命职业经理人，而职业经理人的升迁跟资本市场的股价完全脱节，难以对其产生约束作用并实施有效的监督。

(3) **股权激励方案设计不够规范**。很多企业在设计股权激励方案时，大多偏爱股票期权模式，将大部分股权都分配给董事和高层管理，而忽视了对核心员工的激励。这样做虽然激励成本很低，但激励效果也会大打折扣。

(4) **缺乏健全的绩效考核机制**。绩效考核指标是股权分配的关键性因素，很多企业财务指标体系比较粗糙，甚至仍然采用传统的业绩评价标准，难以公平衡量激励对象对企业所做的贡献和带来的价值。

(5) **企业内部监督机制不完善**。很多企业的高层、中层管理者都是老板自己兼任，或者在核心岗位上选人时任人唯亲，对其没有形成严格的监督和约束机制，从而失去人心、失去团队的支持。

对于企业中出现的这些问题，必须建立股权激励的内部监管体系，保障股权激励计划的有效实施，并取得更好的成效，相关方案如图 10-2 所示。

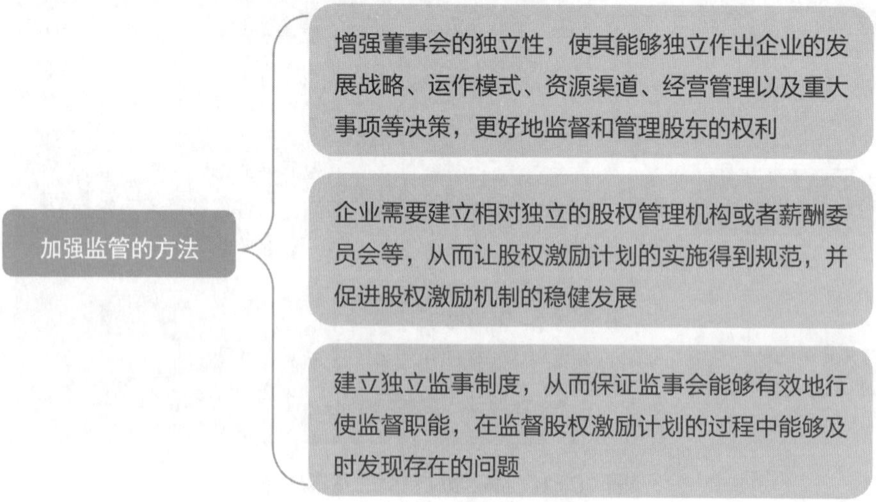

加强监管的方法	
	增强董事会的独立性，使其能够独立作出企业的发展战略、运作模式、资源渠道、经营管理以及重大事项等决策，更好地监督和管理股东的权利
	企业需要建立相对独立的股权管理机构或者薪酬委员会等，从而让股权激励计划的实施得到规范，并促进股权激励机制的稳健发展
	建立独立监事制度，从而保证监事会能够有效地行使监督职能，在监督股权激励计划的过程中能够及时发现存在的问题

图 10-2　加强监管的方法

股权激励方案如果不能正常发挥其效应，则只能成为少数决策者中饱私囊的工具而已。因此，企业需要加快自身改革和改造，建立完善的治理结构和多元化的股权结构，增强股权激励的效果。

4. 把握激励过程的难点

股权激励的本质就是企业用自己的股权来换得员工的努力工作，如果把股权轻而易举地给了员工，员工拿到后可能就会失去工作积极性，这不叫"激励"，而是一种"奖励"。因此，要做到真正的"激励"，必须使员工为收益付出对应的贡献，并且让员工和公司之间的关系更紧密、更长久，形成"利益共同体"。

当然，公司把股权抓得越紧，对于员工来说，"从股权到收益"的距离会变得更加遥远。此外，大部分公司进行股权激励都是通过代持或持股平台的方式，员工得到的也大部分都是期权，而且员工之间的股权分配也难以均衡，需要个性化定制股权激励方案，因此很容易产生纠纷，导致公司和员工"双输"。在股权激励的具体实施过程中，还存在着很多障碍和难点，如图 10-3 所示。

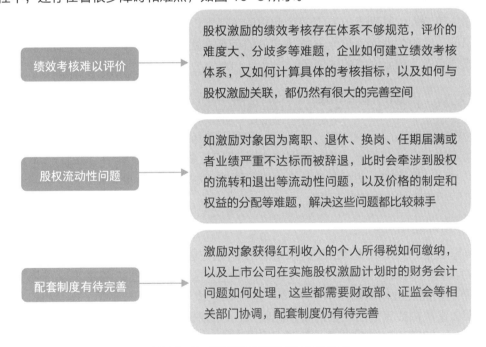

图 10-3　股权激励实施过程中的难点

尽管企业在实施股权激励过程中要面临种种难点，但只要我们做好充分的准备，即可让这些股权激励的问题得到有效解决。同时，企业还需要做到以下两点，使股权激励发挥其应有的作用。

(1) **详尽调查。**企业在实施股权激励计划之前，还需要配合专业律师团队或相关中介机构进行详尽的调查，设计一个公平性强的、可执行力强的、符合法律法规的股权激励方案。

(2) 完善制度。完善企业的内部制度是股权激励计划顺利实施的保障。

- 完善法人治理机制，加强管理层与控股股东之间的信任关系。
- 完善人力资源管理制度，使员工在经营过程中兼顾公司的利益。

专家提醒

　　另外，社会大众对于股权激励还存在不同的看法，很多大型企业实施股权激励计划在中后期的表现也不尽如人意，从而让人对股权激励能够使个人财富得到增长的效果产生了怀疑。

10.2 法律风险：切记遵守法律法规

股权分配、股权激励、股权融资、股权投资、股权转让等股权架构设计都要建立在遵守法律法规的基础上。有很多企业缺乏法律意识，在企业内部也没有普及相关的法律知识，这对企业而言是十分危险的，稍有不慎就会踩上法律红线。本节，将详细讲解部分股权架构所面临的法律风险。

10.2.1 股权投资的税务法风险

股权投资的不同组织方式，适用不同的缴税政策。目前，我国进行投资的机构主要分为离岸基金、公司制投资、非法人制投资和有限合伙制投资 4 种组织形式。那么，这些同一性质的投资组织为什么会有不同的缴税方法呢？接下来，我们就来具体解读不同组织形式下的缴税问题。

1. 离岸基金

离岸基金一般是在境外通过持股中间企业间接投资国内企业，若境外设立的离岸基金的实际控制权在国内，该离岸基金就属于中国居民企业，应将其全球所得的25%缴纳中国企业所得税。并且，离岸基金被法律认定在国内设立了投资机构和场所，那么该机构或者场所在国内投资的收入，以及在境外投资但与国内产生了实际联系的收入，都需要缴纳25%的中国企业所得税。

离岸基金在退出中间企业时，可以转让中间企业的股权。在境外发生的转让行为，不会给国内的税务造成太大的负担。但是，也有一些省、市开始重视离岸基金的境外转让行为。境外母公司转让中间持股公司获得的收益也来源于国内所得，因此应该征收中国预提所得税。当然，如果直接转让国内中间企业的股权，那么它需缴纳资本所获收益10%的中国预提所得税。

另外，根据法律规定，离岸基金可以在符合条件的情形下，将投资企业的股份以股权成本价转让给集团内成员，由于不存在股权转让的收益或损失，可以不用承担企业税负。涉及股权转让的企业重组，可以分为特殊重组和普通重组，国内的特殊重组可以享受一定的缴税优惠。但是，跨境企业的转让需要以公允价值为基础计算转让收益，缴纳中国所得税。

专家提醒

> 离岸基金在参与投资企业的分红时，需要缴纳相应的预提所得税。境内企业向海外分配股权分红时，也需要缴纳 10% 的中国预提所得税。

2. 公司制投资

成立于国内的公司制创投企业，属于中国居民企业，需要缴纳其全球所得 25% 的中国企业所得税。一般来说，公司制创投企业投资国内企业所得到的股息分配收入可以免收企业所得税。此外，国内的公司制创投企业还可以享受一定的税收优惠，《中华人民共和国企业所得税法》(2018 年修正)做了以下规定。

> 第三十一条　创业投资企业从事国家需要重点扶持和鼓励的创业投资，可以按投资额的一定比例抵扣应纳税所得额。

并且，《中华人民共和国企业所得税法实施条例》做了以下的补充规定。

> 第九十七条　企业所得税法第三十一条所称抵扣应纳税所得额，是指创业投资企业采取股权投资方式投资于未上市的中小高新技术企业 2 年以上的，可以按照其投资额的 70% 在股权持有满 2 年的当年抵扣该创业投资企业的应纳税所得额；当年不足抵扣的，可以在以后纳税年度结转抵扣。

对比公司制投资和离岸基金，离岸基金直接从境外投资国内企业，无法享受70% 的投资额税收抵免优惠，而且还要缴纳 10% 股息收入的预提所得税。

而公司制的创投企业可以享受 70% 的投资额税收抵免优惠，并且不承担股息收入的税负。但是，在上述优惠条件下，股权转让收益的差额仍然需要缴纳 25% 的所得税。如果公司制创投企业的投资额足够大，在税收优惠条件下可以有很长一段时间无须缴纳企业所得税，还可以对免税的股息收入进行再投资，获取更多的利润收益。

因此，股权投资要根据税收政策，结合实际情况、发展规划和财务预算，确定投资的组织形式和投资架构。在遵守法律法规的前提下，通过合理的方法策略，获取更高的利润收益。

3. 非法人制投资

根据法律规定，国内的创投企业可以以非法人制的形式存在。非法人制企业包括非法人形式的中外合作企业和有限合伙企业。非法人制的创投企业可以由投资各方分别缴纳企业所得税，也可以由企业统一缴纳企业所得税。对于分别纳税的模式，国家税务总局《关于外商投资创业投资公司缴纳企业所得税有关税收问题的通知》(国税发[2003]61号)规定如下。

> 对按照《外商投资创业投资企业管理规定》组建的非法人创投企业，可由投资各方分别申报缴纳企业所得税；也可以由创投企业申请，经当地税务机关批准，统一依照税法的规定，申报缴纳企业所得税。而由非法人创投企业投资各方分别申报缴纳企业所得税的，对外方投资者应按在我国境内设立机构、场所的外国公司，计算缴纳企业所得税。但非法人创投企业没有设立创投经营管理机构，不直接从事创业投资管理、咨询等业务，而是将其日常投资经营权授予一家创业投资管理企业或另一家创投企业进行管理运作的，对此类创投企业的外方，可按在我国境内没有设立机构、场所的外国企业，申报缴纳企业所得税。

4. 有限合伙制投资

有限合伙制投资企业所获得的收益，需要根据自然人投资方和法人投资方所获得的收益分别缴纳个人所得税和企业所得税。随着国家相关税务法的完善，合伙企业的经营所得和其他所得开始采取"先分后税"的方式。

此举规定了合伙企业应当以每一个合伙人作为纳税义务人，很好地规避了股权投资可能出现的重复纳税的问题。也就是说，合伙企业合伙人是自然人的，缴纳个人所得税；合伙企业合伙人是法人或者其他组织的，缴纳企业所得税。

随着股权投资的不断发展，国内的法律体系也在逐步完善。如何建立投资企业税收优化的架构和模式，需要根据不断调整的税收政策，实时关注最新的变化动态和执行情况。

10.2.2 股权转让的民事法风险

股权转让在进行所有权、股权和债权的置换时，很容易产生相关的民事法律风险。为了避免股东在股权转让时产生不必要的风险，下面我们将对股权转让的民事法律风险加以梳理，并其提供相应的预防建议。

1. 转让方主体资格瑕疵

一般来说，在公司股东名册中或者在机关办理登记的股东，可以自主转让其股权，享有转让股权的所有权。但是，在实际运作时，股权代持的现象屡见不鲜。因此，在股权转让的过程中，被转让方需要核查转让方是否对转让股权拥有合法的所有权，以及是否有权转让，否则会产生以下几种问题及其相关的法律风险。

(1) **转让方为名义股东，实际出资人意愿不确定。**《最高人民法院关于适用〈中华人民共和国公司法〉基于问题的规定(三)》对这种行为做了以下明确规定。从规定中可以看出，如果没有核查转让股权的所有权归属，被转让方可能会面临转让无效的法律风险。

> 第二十五条 名义股东将登记于其名下的股权转让、质押或者以其他方式处分，实际出资人以其对于股权享有实际权利为由，请求认定处分股权行为无效的，人民法院可以参照民法典第三百一十一条的规定处理。
>
> 名义股东处分股权造成实际出资人损失，实际出资人请求名义股东承担赔偿责任的，人民法院应予支持。

(2) **转让方为实际出资人，名义股东不愿配合。**这种情况首先需要实际出资人进入显名化程序，得到公司半数以上的其他股东认可，才能以股东的身份维权。因此，被转让方在实际出资人维权成功之前签订股权转让协议会存在很大的风险。

(3) **股权为夫妻共有财产。**《中华人民共和国婚姻法》对这种情况作出了以下明确规定。

> 第十七条 夫妻在婚姻关系存续期间所得的下列财产，归夫妻共同所有：
> (一)工资、奖金；
> (二)生产、经营的收益；
> (三)知识产权的收益；
> (四)继承或赠与所得的财产，但本法第十八条第三项规定的除外；
> (五)其他应当归共同所有的财产。
> 夫妻对共同所有的财产，有平等的处理权。

因此，在股权为夫妻双方共有的情况下，处理不慎会面临转让无效的法律风险。

(4) **出资不实。**出资不实包括未履行出资义务、未履行全面出资义务、抽逃出资和违法犯罪所得出资几种类型。对于这种情况下所享有的股权，执法机关会对其违法行为进行追查和处罚，并且会对其股权进行拍卖或者转卖。

(5) **股权被采取司法限制。**股权如果被采取查封和冻结等司法措施，或者进行股权质押和对外担保等行为之后，存在很大的股权瑕疵。如发现相关问题，被转让方应立即停止转让行为。

(6) **股权重复转让。**签订股权转让协议但是尚未进行工商登记，转让方仍将登记在他名下的股权进行重复转让，被转让方可能面临认定无效的法律风险。

2. 被转让方主体资格瑕疵

被转让方的主体资格瑕疵主要是指被转让方可能存在担任股东的资格被限制的情

形，如出现这种情况，转让双方为了规避风险可能会签署股权代持协议。但是，这种股权转让和股权代持的合同可能会面临认定无效的法律风险。而且，如果被转让方的股权被司法冻结，那么就难以保障被转让方享有股东的权利。

3. 被转让方支付瑕疵

被转让方支付瑕疵主要存在以下两种情形，如图 10-4 所示。

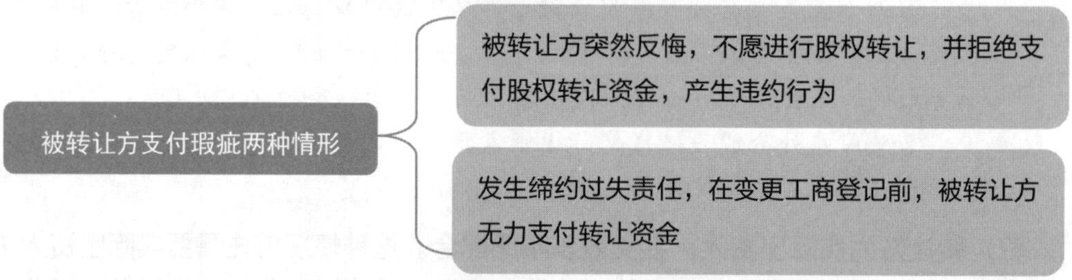

被转让方支付瑕疵两种情形	被转让方突然反悔，不愿进行股权转让，并拒绝支付股权转让资金，产生违约行为
	发生缔约过失责任，在变更工商登记前，被转让方无力支付转让资金

图 10-4　被转让方支付瑕疵的两种情形

4. 转让程序瑕疵

转让程序瑕疵主要存在以下两种情形。

● 未召开股东会会议。
● 无视其他股东优先购买权。

《最高人民法院关于适用〈中华人民共和国公司法〉若干问题的规定(四)》对股东的优先购买权作出了以下明确规定。

> 第二十一条　有限责任公司的股东向股东以外的人转让股权，未就其股权转让事项征求其他股东意见，或者以欺诈、恶意串通等手段，损害其他股东优先购买权，其他股东主张按照同等条件购买该转让股权的，人民法院应当予以支持，但其他股东自知道或者应当知道行使优先购买权的同等条件之日起三十日内没有主张，或者自股权变更登记之日起超过一年的除外。
>
> 前款规定的其他股东仅提出确认股权转让合同及股权变动效力等请求，未同时主张按照同等条件购买转让股权的，人民法院不予支持，但其他股东非因自身原因导致无法行使优先购买权，请求损害赔偿的除外。
>
> 股东以外的股权受让人，因股东行使优先购买权而不能实现合同目的的，可以依法请求转让股东承担相应民事责任。

无视其他股东的有限购买权可以被认定为股权转让行为无效，被转让方可以依法追究转让方缔约过失责任和违约责任。

5. 放弃转让风险

转让方如果想要放弃转让行为，而在其他股东提出行使优先购买权的情形下，转让方需要面临什么样的风险呢？《最高人民法院关于适用〈中华人民共和国公司法〉若干问题的规定(四)》对此作出了以下明确规定。

> 第二十条　有限责任公司的转让股东，在其他股东主张优先购买后又不同意转让股权的，对其他股东优先购买的主张，人民法院不予支持，但公司章程另有规定或者全体股东另有约定的除外。其他股东主张转让股东赔偿其损失合理的，人民法院应当予以支持。

6. 股权转让风险管控

股权转让存在的法律纠纷很多，为了避免相关的法律风险，规范股权转让行为，可以从以下几点去管控股权转让风险，如图 10-5 所示。

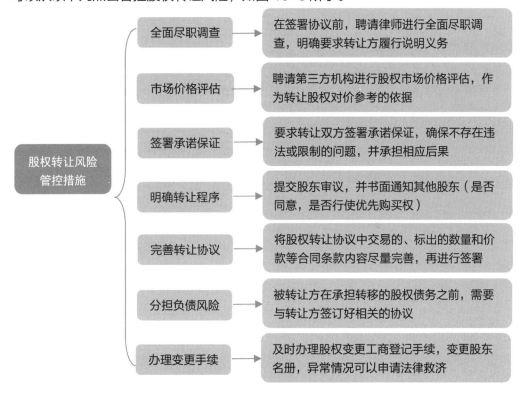

图10-5　股权转让风险管控措施

作为股权转让双方，都需要明确自己的责任和义务，承担相应的股权转让风险。尽最大可能去完善转让协议，规范转让流程，最大化规避股权转让的法律风险和不必要的经济损失。